José María Ridao

LA ELECCIÓN
DE LA BARBARIE

Liberalismo frente a ciudadanía
en la sociedad contemporánea

7

KRITERIOS

TUSQUETS
EDITORES

1.ª edición: abril 2002

© José María Ridao, 2002

Diseño de la colección: Lluís Clotet y Ramón Úbeda
Reservados todos los derechos de esta edición para
Tusquets Editores, S.A. - Cesare Cantù, 8 - 08023 Barcelona
www.tusquets-editores.es
ISBN: 84-8310-803-8
Depósito legal: B. 12.070 - 2002
Fotocomposición: Foinsa - Passatge Gaiolà, 13-15 - 08013 Barcelona
Impreso sobre papel: Offset-F Crudo de Papelera del Leizarán, S.A.
Impresión: A & M Gràfic, S.L.
Impreso en España

Índice

Me sentía tan seguro de mi germanidad, de mi europeidad, de mi humanidad, de mi siglo XX. ¿La sangre? ¿El odio racial? Hoy no, aquí no... ¡En pleno centro de Europa!

Víctor Klemperer,
LTI. La lengua del Tercer Reich

En una época como la nuestra, tan dispuesta a admirarse ante procesos que se quieren vertiginosos y cambios que nos obstinamos en considerar inéditos en la historia, tal vez resultaría saludable recordar que existieron otras circunstancias en las que, lo mismo que ahora, hombres y mujeres de juicio en apariencia equilibrado incurrieron en la innoble fantasía de proclamar a su tiempo como «la más alta ocasión que vieron los siglos». Innoble, en primer lugar, porque quienes así se expresaron no sólo fueron juez y parte en la comparación, sino que además contaron con el silencio sepulcral de aquellos a los que declararon inapelablemente derrotados. Es lo que descubre uno de los más inteligentes personajes de Cabrera Infante cuando, abrumado ante la sombría vastedad del pasado y la inasible fugacidad del presente, exclama: «siglo XIII, siglo funesto, todos los que vivieron en él están muertos».

Pero innoble, en segundo lugar, porque esa formulación encomiástica de los caracteres de la propia época no suele realizarse desde la contemplación pasiva y satisfecha, desde una voluntad de recrearse en el bienestar ya conseguido. Antes al contrario, proclamar la singularidad y la grandeza de un tiempo acostumbra a utilizarse como señuelo para ir a más, para fijar más lejos la frontera, para sobrellevar todos los sacrificios y, por tanto, para exculpar todas las atrocidades. Es como si el «ahora mejor que nunca» estuviese inevitablemente condenado a convertirse en el más escueto y contundente «ahora o nunca», dando lugar a una insufrible retórica plagada de trenes que pasan, de pelotones con su cabeza y su cola, de puentes que cruzan abismos, de avances y retrocesos sobre un incógnito reloj mundial, a cuya cadencia sólo se acomodan quienes no dudan y consideran que la realidad es urgente y, sobre todo, contradictoria con los sentimientos de humanismo y de piedad. Es decir, los inflexibles, los crueles, los iluminados, los que actúan o gobiernan para el Ideal y no para los hombres.

Vivimos una época de cambios, es innegable. Los avances tecnológicos sobrecogen por su capacidad transformadora del mundo, por el poder que ponen en manos de los más emprendedores. Sin embargo, ni la dimensión de esos avances ni la multiplicación de la capacidad de acción que representan aclaran, por sí solas, una cuestión quizá más relevante: el sentido, la determinación de hacia dónde nos conducen. Si la respuesta fuese que hacia el mismo lugar hacia donde íbamos, la rabiosa novedad de estos tiempos resultaría desmentida al primer envite de una ironía como la de Borges, quien, hastiado de la mojigata admiración de algunos de sus contemporáneos hacia los modernos medios de transporte, dijo: de acuerdo, vamos más rápido, vamos más cómodos, vamos más lejos. Lamentablemente, todavía hay que ir.

Lo más probable, con todo, es que los cambios contemporáneos nos parezcan tan absolutos, tan colosales o portentosos, porque lo que estrenamos de verdad es su sentido. Es decir, no nos admiramos sólo de lo que las nuevas tecnologías son, sino también y sobre todo del efecto que –imaginamos– tendrán sobre nuestras vidas. Según la convicción más generalizada, en pocos años nada será como hoy lo conocemos: la educación, las relaciones de familia, la manera de entender el trabajo y el tiempo libre. Desde el sexo a la literatura, desde la alimentación a la política, todo se adaptará a las exigencias –las posibilidades, dicen otros– del mundo virtual, en el que cada terminal de ordenador será una diminuta aunque todopoderosa monarquía. El poder de seducción de esa imagen resulta tan irresistible, tan magnético, que, de pronto, ha desaparecido de la representación del futuro cualquier cosa que no tenga relación con las pantallas o los teclados. Así, por ejemplo, ¿habrá en el día de mañana moscas que importunen a los cibernautas? ¿Se concebirán hijos según el procedimiento tradicional? ¿Las mañanas de domingo serán ociosas y tranquilas, como las de edades anteriores?

El ancestral ejercicio de imaginar el porvenir no ha tenido nunca otro efecto constatado que el de sacrificar el presente, arrasando de una vez tanto sus lacras como, sin duda, sus virtudes. Seguros de poder sucesivamente conocer, dominar, proteger o, como sucede ahora, prescindir de la naturaleza, fundando otra paralela, los intérpretes del futuro·se han lanzado desde siempre a una dolorosa y por lo común insensata manipulación sobre la realidad, ignorando las consecuencias que sus ensueños acabarán acarreando para la convivencia. Con todo, la destrucción de los vínculos en que ésta se apoya acostumbra a ser suave, casi imperceptible, una lenta erosión de invisibles areniscas. De ahí que quienes disienten del curso general que se quiere imprimir a la historia en nombre de la más trepidante novedad, de la marcha inexorable hacia un estadio más radiante del destino humano, aparezcan no sólo como ciegos o retrógrados, sino también como agoreros.

Pero, a la vista de la experiencia, esa erosión actúa y va minando la percepción de los problemas, embotando las alarmas que aconsejarían hacer las cosas de otro modo, adoptar otros objetivos menos totalizadores, menos inflexibles con el presente, menos irreverentes con las soluciones que otros hallaron. Otros objetivos, en fin, que sobre todo evitaran colocarnos ante el dilema irresoluble en que se encontraron los calmucos, según la descripción que Thomas de Quincey hace de ellos en *La rebelión de los tártaros:* llegados a la mitad del camino que se habían propuesto recorrer, y conscientes al fin de la magnitud de los sacrificios que les aguardaban, tenían tantas razones para seguir como para volver atrás. Aunque De Quincey no se extiende en detalles, es de suponer que los calmucos, unidos hasta entonces por una misma voluntad, acabasen divididos en partidarios de proseguir y partidarios de regresar. Y lo que resultaría infinitamente peor, lo que convertiría la opción en auténtico drama: terminarían advirtiendo que no existía ningún argumento racional capaz de resolver el dilema a favor de unos o de otros. O un bando se imponía por la fuerza, o un caudillo tendría que convertir en ley su opinión.

El entusiasta y despreocupado peregrinar hacia el siglo XXI y más allá, caracterizado como el viaje a un mundo no sólo distinto sino también mejor del que nos ha tocado en suerte, podría acabar desembocando en la indeseable situación de los calmucos, divididos y privados de argumentos racionales en que fundamentar sus decisiones. Por lo pronto, se empieza a admitir que las sociedades contemporáneas se están fracturando, tanto por los hechos diferenciales que empiezan a reivindicar los grupos autóctonos como por la masiva llegada de extranjeros. Fieles, sin embargo, al sentido de la marcha ya emprendida, la principal tarea que se han impuesto los gobiernos ante esta preocupante realidad no es la de recuperar la cohesión, restañando las fisuras antes de que resulten insalvables y acaben con los fundamentos de la ciudadanía, del pacto político. Se conforman con algo tan llamativo aunque tan modesto como apelar a la solidaridad, que es tanto como proponer el gobierno del amor al tiempo que se reconoce la inevitabilidad de la fractura. Que es tanto como abrir las puertas a un gobierno del odio mientras se convive despreocupadamente con la flagrante contradicción de que una sociedad solidaria presupone todo lo contrario que una sociedad cohesionada.

La fantasía de proclamar la propia época como «la más alta ocasión que vieron los siglos» es, en efecto, innoble. Pero es, además, inquietante, estremecedora. La retórica de excepcionalidad y de urgencia que reclama permite disfrazar de inapelable necesidad el ensueño de unos pocos, de modo que la brutalidad, además del error y el accidente, pasan a entenderse como tributo. Altas ocasiones fueron los tiempos de Felipe II, los de Napoleón y los de Bismarck, los de Hitler y los de Stalin. A lo que parece, también los que nos han tocado en suerte. Convencidos en cada momento de que la historia se hallaba cercana a su final, ese último empuje que faltaba para alcanzar el paraíso se convertía repentinamente en un calvario, en un fatídico recorrido en el que, después de tantos progresos, después de tan insoportables sacrificios, resultaba imposible pasar de la mitad, lo mismo que les sucedió a los calmucos. Y, como los calmucos, cada tiempo prodigioso y decisivo encontró que había tantos motivos para seguir como para desandar el camino. Y lo que resultaba todavía más dramático: que la razón ya no servía para inclinarse por una opción o la contraria, de manera que hubo que recurrir a la fuerza o a los caudillos –cuando no experimentar desatinadamente con ambos sistemas– antes de regresar, atónitos ante la barbarie que quedaba a las espaldas, al punto donde comenzó el alegre y confiado peregrinar.

1

El sentido tributario de la historia

Antes de traducirse en los cambios reales y contrastables con los que hoy nos vemos obligados a convivir, la caída de los regímenes comunistas supuso la recuperación de una rancia y recurrente retórica: la de que la historia se adentraba en una nueva época, la de que se vivía un nuevo comienzo. A tenor de lo que pudo leerse y escucharse en los meses inmediatamente posteriores a la sobria dimisión de Gorbachov, solventada en un discurso de apenas cinco minutos ante una cadena de televisión soviética, daba la impresión de que el abrupto final del experimento comunista constituyese el acontecimiento más decisivo y relevante del siglo XX. Y pudo haberlo sido: bastaba con que la Revolución rusa, su comienzo, hubiera tenido lugar en un siglo diferente. Si se reflexiona con la perspectiva que ofrece el tiempo transcurrido, se observará que aquella obsesión por subrayar el carácter inaugural del hundimiento de la Unión Soviética no sólo llevó a olvidar que el socialismo real fue una burbuja que creció y se desintegró dentro del mismo siglo, sino también a forjar una iconografía en proporción a la trascendencia histórica que se pretendía conceder al acontecimiento. Frente a las imágenes de la toma del Palacio de Invierno o de Lenin arengando a las masas, asociadas para siempre al inicio de la era comunista, el primer plano de Gorbachov leyendo un puñado de cuartillas, verdadero momento de su final, sabía irremediablemente a poco. De ahí que, cuando se trata de representar la historia de aquellos días, jamás se recurra a la grabación televisiva en la que se contempla la dimisión del último inquilino soviético del Kremlin. Lo que aparece en su lugar es la demolición del muro de Berlín, o Yeltsin encaramado a un tanque frente al edificio del parlamento en Moscú, imágenes que sin alcanzar la dimensión épica de las de la Revolución de Octubre, guardan sin embargo una mayor proporción con ellas que la figura ojerosa e irritada de quien hizo pública la renuncia al paraíso comunista.

Desaparecía entonces la tensión entre el Este y el Oeste característica del mundo bipolar de la guerra fría, pero la inercia que empujaba a seguir interpretando la realidad internacional en clave de oposición entre dos ejes continuó operando durante algún tiempo. Ahora –se decía– ha llegado el momento de corregir las desigualdades entre el Norte y el Sur, y el mundo se verá libre de las lacras que lo han atormentado desde siempre. El clima político e intelectual de finales del siglo XX invitaba a elaborar formulaciones que, bajo la apariencia de levantar un inventario de los tiempos y de aventurar pronósticos sobre el futuro, se limitaban apenas a insistir en la rancia y recurrente retórica de la nueva época y del nuevo comienzo. En realidad, los tres grandes modelos que comenzaron a hacer fortuna tras el sobrio discurso de Gorbachov dando por concluida la utopía soviética, no eran sino tres versiones de la generalizada convicción de que se inauguraba una historia rigurosamente inédita, sin posible parangón con el pasado. Ése era, en resumidas cuentas, el mensaje de Francis Fukuyama y su fin de la historia. Pero también el de Huntington y su choque de civilizaciones o el de Giddens y su globalización desbocada y a la vez repleta de esperanzadoras perspectivas.

Por procedimientos distintos en cada caso, lo que

estos tres autores venían a negar en sus ensayos no era ni más ni menos que lo que siempre se ha negado en los momentos en que, como entonces, se generalizaba la convicción de que se estaba inaugurando una era: la de que las cosas hubiesen podido ocurrir de otro modo, y, lo que es más importante, la posibilidad de contradecir los pronósticos a partir de la libre voluntad de los ciudadanos y sus gobiernos. Si el sentido de la historia es el del capitalismo y la democracia liberal –o más en concreto, el de la desregulación económica– como aseguraba Fukuyama, el fracaso del modelo de planificación colocaba a la comunidad internacional ante un futuro sin opciones: todo lo que no fuese acomodarse a los requerimientos de esta realidad se convertía no sólo en un error, sino también en una injustificable regresión. De igual manera, si el conflicto venidero se urdía en el seno inalterable de lo que las civilizaciones son, y no en las consecuencias de lo que los ciudadanos hacen, la voluntad se revelaba impotente para evitar el choque al que según Huntington estaríamos condenados. Por último, si de acuerdo con Giddens eran los cambios tecnológicos los que dictaban el comportamiento a seguir, los que determinaban las opciones por las que se han de inclinar los ciudadanos y los gobiernos, carecía de sentido interrogarse acerca de las instituciones que deben mediar entre intereses contrapuestos o preocuparse acerca de su funcionamiento.

La consecuencia más llamativa de reducir el margen de maniobra de la voluntad individual es invariable en cada una de estas versiones de la retórica del nuevo comienzo: el problema decisivo al que se enfrentan los ciudadanos no consiste en conciliar pacíficamente la pluralidad de visiones que genera cualquier sociedad, sino en identificar las fuerzas autónomas que operan sobre ella y en tomar decisiones adecuadas para adaptarse, para no entorpecer la dinámica no tripulada de los cambios. En definitiva, frente a los modelos sociales en los que los ciudadanos pueden pronunciarse sobre dónde ir y cómo hacerlo, Fukuyama, Huntington y Giddens coincidían en ofrecer una alternativa que guardaba un extraordinario parecido con esos canódromos en los que se obliga a los perros a perseguir una liebre mecánica. Lo importante es no confundirla con otro objeto, de manera que no se emprenda una trayectoria errónea. Así las cosas, el debate ciudadano va despojándose de matices, hasta convertirse en un mecanismo binario de prueba y error en el que la disidencia carece de sentido puesto que, por definición, sólo puede existir una opción acertada. Y desde el momento en que las decisiones deben adoptarse a partir de una racionalización de apariencia científica, y no desde el acuerdo entre voluntades, la noción misma de política pierde cualquier utilidad, las instituciones y sus procedimientos se convierten en antiguallas que es preciso reducir y simplificar.

En cualquier caso, aquella racionalización de apariencia científica se quedaba en eso, en una simple apariencia científica. Desde el momento mismo de su formulación, la hipótesis del fin de la historia no cesó de sufrir desmentidos por parte de la realidad, de manera que Fukuyama debía aparecer regularmente explicando lo que entendía por «fin» y lo que entendía por «historia». Este equívoco en los términos básicos hubiera resultado suficiente para advertir el carácter no científico de su racionalización. Pero es que, además, su afirmación de que la humanidad se encaminaba hacia el capitalismo y la democracia liberal no podía considerarse cierta salvo que se especificase, una vez más, qué se entendía por «capitalismo» y por «democracia liberal». ¿Cuál es el significado concreto del término capitalismo cuando se aplica a Estados Unidos, Europa, Japón o a la cleptocracia postsoviética?, y esto sin mencionar a los países africanos que han optado en la última década por el libre mercado. De igual manera, ¿qué significa el término liberal aplicado a regímenes como el británico, el ruso o el israelí? ¿Se trata de democracias de acuerdo con un único modelo? Y otro tanto cabría señalar en relación con Huntington, para quien el término civilización posee un sentido particular sólo aplicable en el contexto de su hipótesis, así como con Giddens, convencido de que una de las manifestaciones más representativas de la globalización es el reforzamiento de las identidades locales, al punto de que conviene hablar de «glocalización» para designar a su modelo. Ahora bien, ¿puede reclamar la condición de científica una hipótesis que sirve para explicar al mismo tiempo un fenómeno y su contrario? ¿Puede reclamar, siquiera, la simple condición de hipótesis?

Una parte sustancial de la ineficacia de la crítica a las ideas acerca del fin de la historia, el choque de civilizaciones o la globalización, procede de la capacidad de estos tres modelos para interpretar como confirmación de sus pronósticos cualquier dato contradictorio con ellos, siguiendo una pauta similar a la que denunciaba Popper en relación con el psicoanálisis. Otra parte procede, en cambio, del hecho de que la misma crítica haya aceptado, convalidándolo, el presupuesto ideológico fundamental que comparten Fukuyama, Huntington y Giddens. Así, son pocas las voces que hayan puesto en entredicho la convicción de que se asiste a una nueva era, a un nuevo comienzo. Por lo general, se acepta que sí, que estamos ante una edad enteramente inédita, aunque se discuta los rasgos que la caracterizan y sobre todo los objetivos que la guían o que deberían guiarla. Desde esta óptica, surgen las propuestas que auguran que esta vez estamos más cerca que nunca de cumplir los viejos sueños de la humanidad, que esta vez sí que estamos ante «la más alta ocasión que vieron los siglos». El potencial está ahí, se dice, y, en consecuencia, el mundo podrá convertirse en un infierno o un paraíso dependiendo de cómo se usen los medios todopoderosos de los que disponemos. La historia, en efecto, puede llegar a su término, pero no porque triunfe el capitalismo y la democracia liberal, como asegura Fukuyama, sino porque se haga de una vez por todas la justicia sobre la tierra. De igual manera, las civilizaciones podrían cobrar una asfixiante densidad, pero no para concluir en la confrontación a la que se refiere Huntington, sino para emprender un diálogo a varias bandas presidido por el respeto del otro, según el modelo del multiculturalismo. Y, por supuesto, nada tendría que ver un futuro guiado por la globalización de los capitales con otro en el que se globalizase la solidaridad.

Desde esta actitud de aceptar los fundamentos y disentir únicamente de los objetivos florecieron algunas de las convicciones más características del final del siglo xx, como la de que la cooperación al desarrollo podría ocupar un puesto central en la definición del equilibrio internacional que sucedería al de la guerra fría. El rostro humano que mostraba esta quimera movilizó a tantos ciudadanos de los países prósperos, a tantos gobiernos y organizaciones de naturaleza religiosa o filantrópica, que al cabo se terminó por perder de vista que era tan sólo eso, una quimera. Bastaba advertir la desproporción entre los recursos que movilizaba la ayuda al desarrollo y los que movilizaba la desregulación del flujo internacional de capitales para comprender que sería inútil cualquier intento de modificar la realidad de los países pobres mediante la cooperación. De hecho, no existe un solo ejemplo de país que haya salido de una situación de postración económica gracias a ella; ni siquiera de país que haya corregido de manera estable sus deficiencias en áreas como sanidad, educación, infraestructuras o mejora de la gestión pública, en las que se concentró el grueso de los esfuerzos durante más de una década. Y todo ello por no hablar de la cooperación como medio para la prevención de conflictos, una concepción que conjugaba los ensueños acerca de la ayuda con el prejuicio de que las guerras civiles que proliferaron desde Liberia a Yugoslavia tenían un origen económico y no político. Se pensaba que el problema radicaba en los niveles de renta, no en el modo de concebir y ejercer el poder. Ello explica la irresoluble paradoja de que, después de cada intervención, la comunidad internacional ideaze planes de ayuda que devolviesen a esos países a los niveles económicos desde los que, precisamente, se precipitaron en la guerra.

La alta consideración de la opinión pública hacia la cooperación al desarrollo amortiguó durante más tiempo del debido cualquier crítica que se dirigiese a mostrar los errores radicales de su concepción, y no a denunciar la insuficiencia de los presupuestos que le destinaban los países ricos. A lo sumo, se llegaba a admitir la opinión de que el persistente fracaso de la ayuda se debía al desvío de recursos por parte de los gobiernos receptores, lo que en el fondo volvía a dejar a salvo la bondad intrínseca del instrumento. La realidad sugería, sin embargo, que los problemas de la cooperación tenían menos que ver con la exigüidad de sus cifras que con la lógica económica desde la que se manejaban. Es más, esa exigüidad pudo alentar en buena medida su supervivencia, al servir de pantalla a las auténticas razones de su inviabilidad. Mientras se mantuvo el discurso de que la cooperación no podía ofrecer resultados tangibles porque los donantes no le consagraban el 0,7% de su producto interior bruto, según recomendaban las Naciones Unidas, se olvidaba que la ayuda al desarrollo no suponía una transferencia de recursos en sentido estricto. Cada técnico que realizaba un estudio preliminar, cada cooperante educativo o sanitario enviado sobre el terreno, cada empresa que construía un hospital, un puente o una escuela con cargo a la cooperación internacional, provocaba una nueva inhibición del único agente inversor en los países del Tercer Mundo: el Estado. Por esta vía, el tejido productivo y de servicios de los países receptores fue literalmente aniquilado, lo que acentuó hasta límites insoportables los desequilibrios que la ayuda se proponía resolver. Más recursos de los países ricos destinados a la cooperación no hubiera significado así otra cosa que menos crecimiento y menos empleo para los países pobres, y el círculo vicioso de ese Atila benevolente que es la ayuda habría resultado incontrolable.

Junto a la cooperación al desarrollo, el concepto de injerencia humanitaria fue otro de los hallazgos que logró hacer fortuna en el ámbito de la teoría política internacional inmediatamente posterior a la guerra fría. Un concepto que, al igual que el de la ayuda, resultaba inmune a las evidencias de su fracaso en cada una de las ocasiones en las que se aplicó. La persistente repetición en diversos países africanos del error cometido por primera vez en Somalia –donde la operación bautizada con el candoroso nombre de «Devolver la esperanza», pionera de las de su tipo, se saldó con una humillante retirada de las fuerzas internacionales– se debió en gran medida a la inhibición de las voces críticas, acalladas, como en el caso de la cooperación, por la simpatía que la opinión pública dispensaba a este instrumento de nuevo cuño, considerado la base de un nuevo orden internacional. Si algo se podía poner en entredicho era el carácter selectivo con que estaba siendo utilizado –por qué intervenir en Ruanda y no en Chechenia–, no la solvencia de sus presupuestos ni los hipotéticos beneficios que debían derivar de la renuncia al principio igualitario de soberanía de los Estados. Ello permitió prorrogar más allá de todo pronóstico la confianza depositada en la injerencia humanitaria, puesto que, como en el caso de la ayuda, la exigüidad de sus resultados prácticos podía interpretarse como error de empleo, en ningún caso de concepción. Pese al fiasco de la operación «Devolver la esperanza», el modelo se volvió a aplicar en Liberia y más tarde en Ruanda, siempre con idénticos, si no más dramáticos, resultados. Y de África pasó a Europa, dejando un siniestro rastro de cadáveres y problemas no resueltos en la antigua Yugoslavia.

El concepto de injerencia humanitaria partía de un equívoco característico de finales del siglo XX, consistente en creer que la desaparición del mundo bipolar acababa no con un conflicto de intereses concreto, el que oponía la ambición imperial soviética a la norteamericana. Antes al contrario, acababa con la existencia misma de intereses nacionales, de modo que el decisivo lugar que éstos habían ocupado en la esfera mundial durante cuatro largas décadas –al punto de generar una doble economía, una doble política y hasta una doble moral– correspondería ahora a un único conjunto de valores aceptado por todos, cuyo resumen se encontraba en la Declaración Universal de Derechos Humanos. Aceptado este presupuesto, la redefinición del equilibrio internacional posterior a la guerra fría tenía que deslizarse por fuerza hacia una controversia filosófica entre universalismo y relativismo –¿cabía o no una interpretación «cultural» de la Declaración?–, cuando lo realmente relevante desde el punto de vista político era establecer el entramado institucional en el que esa u otra controversia pudiera ser dirimida por medios pacíficos. En lugar de ello, prevaleció la idea de que el universalismo era por definición incontestable, y en consecuencia bastaba articular un sistema de policía internacional que acudiese allí donde lo reclamasen las violaciones de los Derechos Humanos para que el terror en el que se había basado el anterior equilibrio dejase paso a la armonía. Es decir, la Declaración se erigiría en ley y las diversas coaliciones que surgieran en el seno de la comunidad internacional, si es que ésta no llegaba a disponer de una fuerza estable y propia, actuarían como su brazo ejecutor. El vigor de la metáfora tal vez hizo perder de vista que un orden político construido a partir de valores universales, inmutables y no sujetos a interpretación, está más cerca de una concepción integrista que democrática del poder, por lo que una policía a su servicio se convierte en una policía comprometida directamente con los principios supremos, o lo que es lo mismo, en una policía que está por encima de la comunidad. La Declaración Universal de Derechos Humanos de 1948 forma parte del mejor legado del siglo XX, y sus disposiciones constituyen, en efecto, principios irrenunciables de validez universal. Otra cosa es que su aplicación directa, sin mediación institucional alguna, no pueda acabar como han acabado siempre los más filantrópicos proyectos: sacrificando a los seres concretos en nombre del ideal, suspendiendo para ellos los beneficios del nuevo orden e interpretando esta suspensión como un tributo necesario al advenimiento de la sociedad perfecta.

Al término de las operaciones militares en Ruanda y la antigua Yugoslavia, y aún con una sensación agridulce acerca de sus verdaderos resultados, la atención internacional se desplazó desde la injerencia humanitaria hacia otro de los proyectos que han venido a llenar el vacío provocado por la desaparición del esquema bipolar: el Tribunal Penal Internacional. La magnitud de las monstruosidades cometidas contra poblaciones indefensas en aquellos dos países, unidas a la conciencia generalizada de que ni Naciones Unidas ni las principales potencias habían sido capaces de impedirlas, exigía articular una respuesta diferente, una especie de segunda oportunidad, que impidiera que crímenes tan brutales quedaran impunes. Las constantes referencias por una u otra razón a la II Guerra Mundial durante el desarrollo de todos los conflictos posteriores a la caída de la Unión Soviética –las operaciones militares contra Irak se compararon con las emprendidas contra el Eje, Sadam y Karadzic fueron equiparados con Hitler y el genocidio de los tutsis con el de los judíos– sirvió sin duda de punto de conexión para que, según el modelo de Nüremberg, la segunda oportunidad que necesitaba la comunidad internacional se concibiese en términos judiciales. Bajo este impulso se creó un Tribunal para los crímenes de Ruanda, cuyos trabajos no lograron desprenderse en ningún momento de una imagen de desbordamiento y de improvisación incompatible con la administración de justicia. Mejor imagen consiguió transmitir el Tribunal de La Haya para la antigua Yugoslavia, pero en este caso el reconocimiento de su trabajo se vio empañado por la irrupción del «caso Pinochet», que al abrir las puertas a una justicia sin fronteras empequeñecía los esfuerzos previos en favor de la aplicación internacional del derecho.

A diferencia de la cooperación o la injerencia humanitaria, el Tribunal Penal Internacional camina en la buena dirección, al alejarse de cualquier tentación de aplicar directamente los grandes principios y poner el acento en los aspectos institucionales que conlleva su defensa. Con todo, no son pocas las dificultades que esta iniciativa tiene enfrente. Por una parte, la resistencia de las grandes potencias a aceptar una institución cuya acción habrá de ser igualitaria, haciendo abstracción de las diferencias de poder que existen en la esfera internacional. No se trata tanto de la articulación del sistema para la selección de los jueces –en el que se podría acordar un procedimiento que, al igual que el Consejo de Seguridad de Naciones Unidas, integrase el desequilibrio–, como del hecho de que una justicia que no fuese igual para todos no sería justicia. Una segunda dificultad procede de la determinación del cuerpo legislativo en el que el Tribunal deberá basar sus resoluciones y sentencias. Es cierto que, a lo largo del siglo XX, la práctica internacional de los Estados ha ido configurando un núcleo de derecho público de obligado cumplimiento, el *ius cogens* de los iusinternacionalistas, además de un entramado de pactos y convenciones que pueden ocupar el espacio de la ley penal. Pero ello no resuelve los problemas que se derivan del establecimiento de un poder judicial internacional cuando su correspondiente legislativo es difuso o indefinido, particularmente en un ámbito como el penal, en el que la gravedad de las sentencias obliga a extremar el rigor en la elaboración de la ley. Por último, el Tribunal Penal Internacional se enfrentaría a una tercera dificultad, esta vez de naturaleza política. Suele señalarse con frecuencia que su establecimiento tendría un efecto disuasorio sobre los líderes y gobiernos con tentaciones autoritarias, al contemplar éstos la posibilidad de verse abocados a responder de sus acciones ante la corte. Sin embargo, la judicialización de la política internacional puede llevar a una mayor parálisis de ésta, de manera que la inhibición colectiva ante los crímenes de un gobierno se justifique recurriendo, no a los riesgos que conlleva toda intervención, sino al impecable argumento de que serán juzgados. Si los Estados cediesen finalmente a la tentación de escudar su inacción tras la justicia, no sólo se podría acrecentar el caldo de cultivo para los dictadores, incrementando el padecimiento de las poblaciones que en principio se pretendía proteger. Podría acrecentarse además el peligro de graves desequilibrios en el sistema internacional, porque el enquistamiento de las dictaduras, la convivencia con ellas –cuando no su deliberada consolidación en virtud de intereses mezquinos e inmediatos– suele arrastrar a enfrentamientos, como demuestra la experiencia.

Frente a la extraordinaria proliferación de pronósticos acerca del futuro desencadenada por la caída del muro de Berlín, la atención al acuciante y áspero presente se ha convertido en una rareza, cuando no en un terreno vedado. Tiempo de transición inevitable en el que, según se dice, lo nuevo apunta entre las ruinas de lo antiguo, la idea de que los cambios en curso son radicalmente inéditos en la historia y, a la vez, conducen a un mundo mejor y más próspero del que nos ha tocado en suerte, ha reorganizado nuestra percepción de la realidad hasta el punto de que hoy se concede más valor a las hipótesis que a las evidencias y se consideran más influyentes los procesos que están por verificarse que los que ya se tienen encima. Esta aberrante alteración de la perspectiva encuentra sus principales aliados en una opinión pública y unos medios de comunicación en los que, anestesiado el sentido crítico y desalentada social e intelectualmente la disidencia, se confunden el pensamiento con la propaganda y las *descripciones* de la sociedad con las *prescripciones* acerca de cómo interesa que sea en un plazo más o menos breve. De este modo, las decisiones políticas y económicas de nuestros días no se adoptan con el propósito de resolver para los ciudadanos de hoy los problemas que hoy padecen, sino con el de no entorpecer e incluso anticipar las profecías acerca de cómo será el mundo de mañana. Entretanto, ¿qué hacer con los signos de inquietud, incluso con las alarmas, que el presente no deja de enviar ante la olímpica indiferencia de la mayoría?

A raíz del sobrecogedor estallido del transbordador espacial *Challenger*, desintegrado con sus tripulantes a bordo poco después de abandonar la base de Cabo Cañaveral, Rafael Sánchez Ferlosio definió como «sentido tributario de la historia» aquella manera de razonar –entonces encarnada por un Ronald Reagan emocionado, rindiendo homenaje a los cosmonautas– que rechaza ver un accidente sencillamente como lo que es, como un fallo o error de consecuencias muchas veces dramáticas. En lugar de ello, el accidente se inserta en una lógica que lo despoja de su carácter aleatorio y fortuito, al tiempo que le proporciona un puesto y una razón de ser inexcusable en la marcha general del mundo: es el peaje o contrapartida que exige el progreso. Quien quiera ir más allá, salvar la última frontera, alcanzar la tierra prometida –sea cual sea la naturaleza y el oropel con el que se exhiba–, debe estar preparado no para el imprevisto, sino para el sacrificio. El «sentido tributario de la historia» es desde luego inseparable de las utopías, forma parte de su estructura esencial, y de ahí que la retórica más característica de la que se recubren los paraísos soñados sea la del esfuerzo previsor; un esfuerzo que pese a mostrar aquí y ahora su cara más amarga, trágica en ocasiones, rendirá sus indudables beneficios en un futuro a la vez lejano y al alcance de la voluntad de los individuos. Pero además de constituir un instrumento de inapreciable valor en la puesta en práctica de las utopías, el «sentido tributario de la historia» es a su vez una pieza insustituible de las visiones que apelan a un pragmatismo mostrenco, ajeno a cualquier sentimiento de humanismo o de piedad, a la hora de adoptar decisiones económicas o políticas con graves consecuencias sobre la vida concreta de los individuos. Para esta otra versión del concepto formulado por Ferlosio, el canon que se les exige a éstos no tiene por finalidad la de conducirlos al reino del bien, sino la de evitar que el presente les arrastre en su inevitable decadencia. A diferencia de la utopía, que exige invertir en sufrimiento actual para obtener felicidad futura, el pragmatismo mostrenco aconseja invertir hoy en sufrimiento para ahorrar dosis mayores el día de mañana. La divergencia entre ambas actitudes es sólo aparente. En realidad, comparten dos de las ideas en cuyo haber se cuentan las mayores carnicerías de la historia: la de que el futuro está escrito de antemano y la de que, en virtud de ese futuro, es legítimo sacrificar a una generación para que otra obtenga los beneficios.

La operación «Tormenta del Desierto», lanzada contra Irak en 1991 por una coalición internacional que lideraba Estados Unidos, fue una de las primeras iniciativas que apelaría al pragmatismo mostrenco cuando aún la utopía soviética daba sus últimos estertores, es decir, cuando Gorbachov se enfrentaba a la ingrata tarea de reconocer ante los hombres y mujeres de aquel imperio herrumbroso que setenta años de privaciones y tragedias personales no habían sido más que eso, privaciones y tragedias personales. A la vista de este fracaso, demasiado presente en la conciencia política e intelectual de la época, nadie se atrevió entonces a justificar la devastadora lluvia de misiles descargada sobre las ciudades iraquíes –de resultas de la cual perecieron decenas de miles de inocentes, víctimas a la vez de un odioso tirano y de una causa justa–, recurriendo al aparato retórico de la utopía, entonces en horas bajas. El patético destino de la Unión Soviética operaba como tabú: puesto que resultaba escalofriante decir que las víctimas de la operación «Tormenta del Desierto» se inmolaban en el altar de un mundo nuevo que sería regido por el derecho internacional –algo que recordaba demasiado la estructura de la profecía marxista–, hubo que sortear los escrúpulos diciendo que se inmolaban para evitar nuevas y más numerosas víctimas en el futuro. Se formulaba así una macabra paradoja para la que aún no se ha encontrado salida. El incondicional apoyo a Sadam Husein durante los diez años que duró su guerra de agresión contra Irán, ¿tenía también como propósito el de ahorrar muertes?

¿Y el embargo que sigue diezmando a la población iraquí? ¿Y el sacrificio de los kurdos? ¿Y las sucesivas operaciones aéreas de castigo durante la última década? ¿Qué cifra de muertos manejaban quienes estaban en el secreto de lo que nos depararía el futuro como para que una montaña que, a día de hoy, podría alcanzar los dos millones de cadáveres siga resultando un «ahorro»? Por supuesto, se trata de preguntas sin respuesta, porque lo que buscaban los responsables de la operación «Tormenta del Desierto» al invocar un futuro tenebroso no era fundamentar una decisión política a través de una macabra contabilidad, sino encontrar un procedimiento para exculpar el sufrimiento evidente que produciría. En resumidas cuentas, su propósito último no era sustancialmente distinto del que perseguían quienes, en lugar del horror, colocaban el paraíso al término de un trayecto de penalidades.

El horror, el miedo a encontrarnos inmersos en él por no haber querido o no haber sabido adoptar las dolorosas decisiones que nos exige la nueva era, el nuevo comienzo. Ese miedo, fomentado desde algunos ámbitos intelectuales y de poder, ha llegado a convertirse en una de las fuerzas decisivas que está dando forma a las sociedades contemporáneas. A partir de ella, no es que los gobiernos deseen embarcarse en un rumbo que conduce a la destrucción de los fundamentos liberales y democráticos por los que optaron los Estados europeos en 1945; es que, de acuerdo con el criterio dominante a partir de la guerra del Golfo, no embarcarse sería peor. Y ese criterio vale, por supuesto, para los conflictos armados que se han sucedido desde el bombardeo de Irak, pero también para el desmantelamiento del Estado de bienestar o para el cuestionamiento de la idea de ciudadanía, llevado a cabo bajo la coartada de las políticas de inmigración. También en este asunto se recurre a ese mecanismo perverso que permite convalidar el sufrimiento presente en virtud del horror futuro. Para evitar la quimérica catástrofe de que las sociedades de acogida vean dañadas sus deletéreas, inaprehensibles identidades colectivas –uno de los conceptos más zafios y abominables que nos legó el siglo XX–, se recurre a un sistema de control en las fronteras que provoca al año cientos, si no miles, de muertos bien reales, cuyos cadáveres son día tras día abandonados, sucio de arena el rostro anónimo y sin historia, en playas convertidas en sobrecogedores cementerios. Si el humanismo y la piedad han desaparecido del horizonte moral de nuestras sociedades hasta el punto de que nos cuesta trabajo comprender que no hay identidad colectiva que justifique cualquiera de esas muertes atroces, difícilmente podemos esperar mayor sensibilidad hacia las condiciones de explotación y de miseria en que se mantiene a los supervivientes. En este contexto, cuando se habla de «umbral de tolerancia», se quiere expresar el porcentaje de extranjeros que soportan contemplar sin sobresalto nuestros ojos nativos, no el grado de crueldad a partir del cual deberían dispararse todas nuestras alarmas de ciudadanos. Precariedad, jornadas extenuantes, sueldos de miseria, trabajo infantil: nada de esto nos ofende ni nos atemoriza. Pero si las víctimas de estas flagrantes injusticias visten de otro modo, comen según otras recetas o rezan a otro Dios, entonces sí que entrevemos un futuro dominado por el horror, y no encontramos otra salida que llamar al pragmatismo mostrenco en nuestra ayuda.

2

La negación del presente

La verdad es una y el error es múltiple: la formulación de esta idea, repetida bajo distintos términos y ropajes cada vez que la tolerancia y la intolerancia se han enfrentado a lo largo de la historia, puede exhibir una genealogía que se remonta a la Grecia clásica. Heráclito fue uno de los primeros en expresarla, y nada hace pensar que, por su parte, no recogiese una tradición anterior.[1] Platón la da por supuesta al desacreditar los sentidos frente a la perfección del mundo de las ideas, en el que las cosas son lo que son y no las infinitas variantes con las que se manifiestan en la naturaleza. Cada una de estas variantes constituiría una corrupción del Ideal, el resultado de un cambio que es siempre un cambio a peor, una sustitución de la realidad por una sombra proyectada sobre el muro de una caverna. Como puso de manifiesto Karl Popper en la estimulante interpretación del legado clásico que lleva a cabo en *La sociedad abierta y sus enemigos* –una interpretación en la que demuestra hasta qué punto el pensamiento posterior a los clásicos, incluso el que se proponía restaurar la libertad y la justicia, entronizó muchas veces argumentos propios de quienes querían destruirlas–, Aristóteles no se aparta en lo sustancial de la visión platónica, aunque introduce en ella un matiz decisivo: los cam-

---

1. «Para los despiertos hay un mundo único y común, mientras que cada uno de los que duermen se vuelve hacia uno particular.» *Los filósofos presocráticos*, Gredos, Madrid, 1986, pág. 358.

bios no tienen que obedecer siempre a una degeneración, sino que pueden ser cambios en busca de un mundo más perfecto. De alguna manera, la preeminencia de la que han gozado Platón y Aristóteles en la filosofía universal –no sólo en la de Occidente, que se autoproclamó en el Renacimiento única y exclusiva heredera de su obra, sino también en la filosofía musulmana y una buena parte de la oriental, igualmente tributarias de Grecia y en idéntica proporción y con títulos iguales a los de su hija legalmente reconocida–, se debe al hecho de que ambos filósofos ofrecen, entre otras muchas cosas, una respuesta al principal problema con el que desde siempre se ha enfrentado el poder: sobre qué principios se debe gestionar el presente sabiendo que ello supone anteponer unas voluntades a otras, unos intereses a otros. Contra lo que pudiera parecer, no se trata de una interrogación abstracta, sino de un dilema que asalta día a día, hora a hora, minuto a minuto, a quienes están o se sienten obligados a tomar decisiones que trascienden el ámbito de su propia vida, afectando al de las vidas ajenas. El adulto que corrige al joven, el empleador que prefiere para una vacante a un candidato frente a los demás, el gobierno que se inclina por declarar la guerra sabiendo que esa opción acarreará la muerte de muchos de sus conciudadanos: en todos y cada uno de estos casos, lo que está en juego es el valor que se concede en cada momento a la realidad y a las evidencias que muestran los sentidos, la relación entre las variantes del ideal y el ideal mismo. A grandes rasgos, existe una primera actitud que prefiere poner en tela de juicio el ideal, precisamente porque no se ajusta a ninguna de las variantes que aparecen en la realidad, y en este caso la preocupación consiste en cómo articular la convivencia entre lo irremediablemente singular y distinto. Otro tipo de actitud, en cambio, prefiere sacrificar esas variantes, reducirlas a la unidad que representa el ideal, y por consiguiente su preocupación más decisiva no será la de buscar fórmulas para articular la convivencia, sino la de elaborar argumentos para justificar el encorsetamiento y la mutilación de una realidad que es siempre múltiple y abigarrada.

Por lo general, la crítica del autoritarismo implícito en la idea de que la verdad es una –crítica en la que coincide una saga de escritores que abarca desde Gorgias a León el Africano, desde Castellio a Isaiah Berlin– se ha concentrado en la dificultad para distinguirla de los múltiples errores que la acechan. De este modo, y siempre de acuerdo con un argumento recurrente en los defensores de la tolerancia, las opciones realizadas por el poder en función de que conoce la verdad, y no de que evita un daño, suelen entrañar el riesgo de que se tome por ella lo que no lo es. Y aunque Platón y sus epígonos traten de responder a esta objeción recurriendo al gobierno de los sabios –que en unos casos adoptan la apariencia de filósofos, en otros la de vanguardia consciente y en otros aún la de leyes inexorables de la economía o de la historia–, lo cierto es que este remedio en gran medida mitológico no descarta el error o el accidente, por lo que mantiene monstruosamente abierta la posibilidad de que el esfuerzo e incluso el sacrificio exigido a individuos concretos sea, más que innecesario, absurdo y gratuito. Pero la crítica del autoritarismo que subyace en la idea de que la verdad es una y el error múltiple también puede proceder a través de otro camino, apuntado en buena medida por Reinhart Koselleck en el contexto del análisis historiográfico.

Al aproximarse a la reconstrucción de la Antigüedad clásica, Koselleck advirtió la insalvable asimetría a partir de la cual se oponían conceptos como el de griego y el de bárbaro. Para empezar, descubriría que esta distinción carecía de cualquier fundamento basado en la experiencia, puesto que las diferencias entre un griego de Atenas y uno de la frontera eran sin duda mayores que las que separaban a éste de un bárbaro que habitase en el borde mismo del limes. Además, mientras que el concepto de griego disponía de unos perfiles precisos, el de bárbaro agrupaba indistintamente a todos los que no se podían considerar como griegos. Tan bárbaro resultaba a estos efectos un habitante del centro de África como un chino o un indio mesoamericano. En definitiva, y siempre según el razonamiento de Koselleck, los bárbaros eran tan múltiples respecto de lo griego como el error respecto de la verdad.

En cualquier caso, esta manera de dividir la realidad, de distinguir entre lo próximo y lo lejano, entre lo que nos parece semejante y lo que nos resulta irreductible, no es exclusiva del pensamiento clásico ni de sus herederos. Quizá se trate de una radical limitación epistemológica, a la que está sometida todo conocimiento humano y, por consiguiente, toda acción que se derive de ese conocimiento. La lengua del Golfo de Guinea reproduce esta estructura para distinguir a los fang de quienes no lo son, confundiéndolos en un todo indiferenciado. Y otro tanto cabe decir del latín, del árabe, del hebreo o de la acepción de la palabra extranjero en todas las lenguas contemporáneas, cuyo significado sólo se precisa a partir de la determinación de quién es nacional. En realidad, esas «oposiciones asimétricas» señaladas por Koselleck podrían rastrearse desde siempre. La que enfrenta a griegos y bárbaros es una de ellas, más tarde heredada por Roma. Pero también la que distingue a los creyentes de los infieles, o a los civilizados de quienes no lo son. Y lo mismo sucede con categorías más recientes como las de desarrollo y subdesarrollo. Como la verdad para Heráclito, el primer término de todas y cada una de estas oposiciones se encuentra definido al detalle, es *uno* en el sentido filosófico, en tanto que el segundo término esconde siempre una variedad de situaciones que hace que la unidad que parece encerrar sea tan frágil que, bien mirado, sólo se establece sobre la base de la negación, de la constatación de que quienes forman parte de categorías como bárbaro, infiel o subdesarrollado lo hacen por la única razón de que no se ajustan al criterio a partir del cual se establece la distinción principal.

Una de las consecuencias más sorprendentes –y a la vez más inadvertidas– de la constante y soterrada aceptación del principio heracliteano de que la verdad es una radica en el extraordinario parecido que guarda, siglo tras siglo, la descripción del error y de quienes se hallan en él. Lo mismo para los griegos que para los romanos, uno de los criterios para establecer la discriminación entre extranjeros y nacionales era la lengua, en concreto el desconocimiento del griego y del latín. A duras penas se admitía que lo que los bárbaros hablaban entre ellos también eran lenguas, desde las que, como hacen los fang del golfo de Guinea, se podría haber establecido otra clasificación del mundo, otra jerarquía en la que griegos y romanos quedasen subsumidos en el grupo indiferenciado de quienes, por no abrazar la verdad, abrazan necesariamente el error. Lejos de limitarse al mundo clásico, esta dificultad para considerar como lengua lo que hablan quienes están al otro lado de la frontera, sea ésta de la naturaleza que sea, reaparece una y otra vez a lo largo de la historia. En *Contra el libelo de Calvino*, Sebastien Castellio señala la paradoja de que en la Europa del siglo XVI la consideración de trilingüe se reservase a quienes conocían el latín, el griego y el hebreo, no a quienes podían expresarse en tres lenguas vivas de la época. Desde el siglo XIX en adelante, se denomina «dialectos» a las lenguas que hablan los pueblos africanos sometidos por el colonialismo, y ello por considerarse variantes, no de un idioma específico, sino de la facultad misma del habla.

Los últimos vestigios de esta larga tradición de la definición del bárbaro a partir de la lengua se observa en algunos juicios actuales sobre la inmigración, en particular cuando se señala que la integración –un concepto en el que parece haber anidado modernamente el mito de Sísifo: siempre invocada y nunca conseguida– resulta más fácil cuando el trabajador extranjero se expresa en el idioma del país de recepción. La experiencia demuestra que si la discriminación no se establece en virtud de la lengua, entonces se hará en virtud del acento: «*beurres*», «sudacas», «*pakis*». Porque, fieles a la tradición de Heráclito, cuando se sostiene que la lengua es un factor de integración, no se está expresando una preferencia acerca de qué inmigrantes se desea acoger, en el caso de España iberoamericanos antes que, por ejemplo, magrebíes. Lo que se está expresando, por el contrario, es el rechazo a acoger a estos últimos, anticipando agoreramente las dificultades que tendrán para ser admitidos como miembros de la comunidad ideal. Definirlos a través de la lengua que no hablan, en lugar de nombrarlos explícitamente, es tan sólo el recurso –el sempiterno recurso que se ampara en el juicio de que la verdad es una y el error múltiple– para sortear los principios igualitarios y las exigencias éticas de la no discriminación. De ahí que cuando se descubre que, como los bárbaros que habitaban en las inmediaciones de la frontera, los magrebíes de Tánger hablan castellano igual que los colombianos o los ecuatorianos, el principio de discriminación se traslade al credo religioso. Y cuando a continuación se descubre que son agnósticos y hasta ateos, entonces se recuerda que, supuestamente a diferencia del cristianismo y de otras religiones, los preceptos del islam tienen un carácter totalizador de la vida humana que impide que ninguno de sus fieles pueda escapar nunca de ellos, aunque los vulnere con plena conciencia de hacerlo o abjure definitivamente de la fe de Mahoma. Mientras que la mayor parte de las confesiones se entienden como lo que son, simples creencias que pueden abrazarse o abandonarse a voluntad, el islam se interpreta como un rasgo biológico o una extraña enfermedad crónica, para la que no existe remedio eficaz una vez que los individuos la contraen en sus lugares de nacimiento.

El fin de los imperios coloniales tras la II Guerra Mundial afianzó otra modalidad de la definición del bárbaro a través de la lengua: aquélla a la que pertenecen la Commonwealth, la Francofonía o, en ciertos aspectos, la Comunidad Iberoamericana de Naciones impulsada por España. En cada uno de estos proyectos políticos, la misma potencia que en su territorio suele contemplar como ajenas las peculiaridades idiomáticas de los habitantes de sus antiguas colonias apela, sin embargo, a la unidad de la lengua para erigirse en portavoz de todas ellas con el propósito de reforzar su posición internacional. Se llega así al flagrante contrasentido –sólo resoluble mediante la empalagosa retórica de la historia compartida– de que las potencias que encabezan estos proyectos pretenden rentabilizar en el exterior un elemento que, como la lengua, no evita en el interior la discriminación de quienes disponen de él, como bien saben los asiáticos en el Reino Unido, los magrebíes y africanos en Francia o los iberoamericanos y guineanos en España. Pero se llega, además, a una aberración complementaria: la de utilizar el hecho de que algunos gobernantes hablen la lengua que conviene para disculpar la naturaleza autoritaria de sus regímenes. El ejemplo de Ruanda constituye el paradigma de esta otra dimensión de la definición del bárbaro a través de la lengua, cuando Francia amparó mediante la «Operación Turquesa» una política que condujo a un escalofriante genocidio, sin otra razón para hacerlo que la defensa del idioma francés. El argumento con el que se ha tratado de ocultar la evidencia de que un dictador que se exprese en una lengua determinada no pierde por ello su condición de dictador, ha sido siempre el de subrayar las peculiaridades de las antiguas colonias que hacen imposible la existencia no ya de una democracia homologable, sino de un sistema político tan imperfecto como se quiera pero que al menos no ampare el robo, la tortura o el asesinato. Bajo esta coartada general, se ha ido dando forma durante décadas a una serie de debates, de falsos debates, como el que pretende demostrar la radical incompatibilidad entre la democracia y el subdesarrollo o, más recientemente, entre la democracia y el islam. De este modo se consigue un resultado nada despreciable a la hora de afianzar la posición de los dueños de la verdad única a la que se refiere Heráclito, aquélla frente a la que el error es y será siempre múltiple: aunque los bárbaros hayan llegado a hablar nuestra lengua, ello no obsta para que sigan siendo bárbaros.

Pese a ser una de las más constantes y de las que mayor interés académico e intelectual ha despertado, la coincidencia en la descripción de los bárbaros a partir de la lengua –repetida con escasas discrepancias desde la Antigüedad clásica hasta la nueva era en la que al parecer nos hallamos– no es la única ni probablemente la más llamativa. Por diferente que sea el grado de excelencia técnica que hayan alcanzado los diversos bárbaros de la historia, los sucesivos detentadores de la verdad heracliteana –los sucesivos civilizados– siempre los han visto como parte inseparable de la naturaleza, seres gobernados por un instinto que responde a los ritmos del sol y de la luna, del hambre y la saciedad, de la procreación y la supervivencia. Carentes de la mirada superior que proporciona la razón, se limitan a reproducir conductas exigidas por el medio natural en el que viven. El carácter ancestral que se suele asociar a éstas procede, no de que se tenga constancia fehaciente de la fecha aproximada de sus orígenes, sino de un razonamiento tan elemental, de un prejuicio tan transparente que resulta inverosímil su capacidad para pasar indemne desde los estudios antropológicos a los culturales, y desde éstos a la acción política: puesto que todo lo que hacen los bárbaros no es más que una respuesta del instinto a la naturaleza, y la naturaleza es ancestral, entonces todo lo que hacen los bárbaros deberá ser ancestral a su vez, puesto que cualquier variación implicaría un juicio racional que, por definición, son incapaces de llevar a cabo. A partir de esta lógica puramente abstracta, los bárbaros se convierten en «pueblos primitivos», cuyo conocimiento resulta valioso al civilizado, no para saber cómo viven hoy unos contemporáneos que han quedado al margen, sino para elaborar fantasías acerca de cómo eran los antepasados del hombre en el neolítico.

Más que científico, el valor de estas fantasías sobre los bárbaros es sobre todo ideológico: constituye uno de los puntos de apoyo decisivos –quizá el único imprescindible– para que el paso del tiempo no sea una mera sucesión de instantes inertes que los hombres tienen la responsabilidad de hacer hospitalarios, sino una concatenación de edades históricas ordenadas de acuerdo con una lógica, la del progreso, que es la que ofrece la legitimidad para exigir sacrificios y dispensar recompensas. Los diferentes modos de vida que se observan en el mundo contemporáneo se convierten así no en las variantes de un ideal, sino en sus etapas, lo que da lugar a esa convicción estrafalaria de que una frontera geográfica puede separar el presente del pasado, la Edad Media de la Moderna, y, por supuesto, el neolítico más primitivo de los pronósticos más vanguardistas acerca del siglo XXI. Al negar la evidencia de que todos y cada uno de los modos de vida que existen en el presente son efectivamente eso, modos de vida que existen en el exacto y riguroso presente, se invita a juzgarlos en función de su proximidad o de su lejanía respecto del estadio último al que nos haya conducido o nos haya de conducir el progreso. Ahora bien, si se acepta que el sentido de la historia procede de ella misma y no de la voluntad de los hombres, ¿quién dispone de la legitimidad para señalar en qué punto de la evolución nos encontramos y cuáles serán los próximos pasos? ¿Acaso esta forma de interpretar la realidad no conlleva inevitablemente la entrega de un cheque en blanco al poder para que disfrace de necesidad cualquier decisión que pueda tomar, para que exculpe cualquier negación de derechos o cualquier violencia sobre los individuos? ¿Acaso no se le ofrece, incluso, la posibilidad de convertir en un acto de generosidad, dirigido a rescatar del corazón de las tinieblas a quienes se encuentran rezagados, lo que no son más que comportamientos brutales, de los que se destierra cualquier atisbo de humanismo y de piedad? Ello es sin duda lo que sucedió durante la evangelización de las Indias o la civilización de África tras la Conferencia de Berlín. Pero ello es también lo que sucede cuando se justifica la discriminación de ciertos inmigrantes, en concreto los musulmanes, a los que se les niega el visado o se les deporta bajo la excusa de que su credo no ha conocido todavía la Reforma y, por tanto, les incapacita para ser ciudadanos de una democracia moderna.

Los prejuicios acerca del mundo musulmán han llegado a sustituir de tal modo la observación directa de la realidad y el empleo razonable de los conceptos y categorías que, tras los atentados contra las Torres Gemelas y el Pentágono –último y dramático episodio de la irrupción del islamismo radical en la escena internacional–, gran parte del debate político e intelectual en Europa y Estados Unidos se ha concentrado en discutir las posibilidades de que el islam evolucione hacia el laicismo.

¿Cabe imaginar mayor mistificación, mayor triunfo del determinismo y la intolerancia? No ya el islam, ninguna de las religiones conocidas –incluidas la católica y la protestante– ha evolucionado ni podrá evolucionar jamás hacia el laicismo por la misma razón que nunca se logrará la cuadratura del círculo: porque religión y laicismo son conceptos irreductibles. Como bien demuestra el ejemplo de Calvino y el régimen de terror que instauró en Ginebra, no fue el cristianismo reformado el que abrió las puertas de la tolerancia, convirtiéndose en esa figura imposible que es una religión laica. Fue la reacción del poder terrenal frente al religioso la que permitió pacificar una sociedad europea hasta entonces desgarrada por la utilización política de la teología, diseñando un espacio público que permitiese mantener las opciones acerca del credo en el ámbito de la estricta intimidad personal. En resumidas cuentas, fueron las sociedades de mayoría cristiana las que evolucionaron hacia el laicismo y no el cristianismo en cuanto tal el que se despojó de su naturaleza religiosa, como hoy se le exige al islam.

Es este modo de proceder, propio de la tolerancia y de las sociedades abiertas, el que está siendo negado hoy en Europa y Estados Unidos. Primero, porque buen número de intelectuales y políticos parecen dispuestos a sentar plaza de ulemas, implicándose en discusiones inverosímiles acerca del exacto valor de las azoras del Corán y de las instituciones islámicas; discusiones de cuyo resultado se hace depender –y he aquí lo grave de esta insólita deriva– el estatuto civil que debe concederse a los musulmanes en el seno de nuestras democracias. Segundo, porque la obsesión por el islam que ha provocado esa patología muchas veces criminal que es el islamismo ha hecho perder de vista los matices decisivos que oculta la expresión de «países musulmanes». Bajo esta rúbrica no se colocará nunca Indonesia, aun siendo el islam el credo dominante entre su población y el número de sus fieles el mayor de los existentes en el interior de un solo Estado. Tampoco Nigeria, donde la comunidad musulmana practicante –es decir, la que cumple efectivamente con los ritos y preceptos exigidos por su credo– supera en dimensión a la de Túnez, Siria o Qatar. «Países musulmanes» son sólo los países árabes, a los que se suele sumar Irán, tal vez en razón de que, a diferencia de Indonesia, su lengua se escribe con unos caracteres que son una variante del alifato. Esta arbitrariedad, esta ausencia de un criterio único y preciso a la hora de tratar como musulmán a un país y a otro no, es lo que permite dar el siguiente paso para negar los fundamentos de la sociedad abierta mientras se finge combatir los de la cerrada: el de considerar que los regímenes de los «países musulmanes» son, por simple proximidad semántica, regímenes musulmanes, de modo que cualquier juicio sobre ellos remite necesariamente a un debate teológico sobre el islam y no a las categorías propias de la política, como dictadura o democracia. Así se oculta que el nepotismo, la corrupción y la ineficacia que padecen los «países musulmanes» –eso que desde Europa y Estados Unidos se suele considerar como «fracaso de la modernidad»– nada tienen que ver con la fe de Mahoma, sino con el carácter autoritario de sus regímenes. Unos regímenes que, en la mayor parte de los casos, hacen derivar su legitimidad de unas luchas anticoloniales inspiradas en el marxismo –una corriente de pensamiento de origen europeo–, y no en el Corán ni en ningún precepto sagrado. Para cerrar el círculo de equívocos al que conduce la expresión «países musulmanes», resulta que los que han merecido desde hace décadas la consideración de «moderados» no son otros que los que han utilizado, precisamente, las versiones más fundamentalistas del islam para erigir y sostener atroces dictaduras, como Arabia Saudí o las monarquías petroleras del Golfo. Sin alcanzar este grado de ambigüedad, también el Marruecos de Hassan II se benefició de un prejuicio similar.

Bárbaros en virtud de la lengua, bárbaros en virtud de su procedencia de regiones ancladas en estadios anteriores del progreso: pese a la naturaleza múltiple del error, las persistentes coincidencias en su descripción por parte de quienes han detentado la verdad a lo largo de la historia van afianzado la sospecha de que, en realidad, no se exige conocer al bárbaro para saber cómo es. Basta, por el contrario, con fijar los rasgos del civilizado –de la verdad una de Heráclito– para declarar bárbaros a todos los que no encajen y, a partir de ahí, emprender su descripción a través de una tautología enmascarada: podemos no haber cruzado una palabra con ellos, podemos no haber visitado sus ciudades y aldeas, podemos ignorar por completo sus hábitos y preferencias, pero eso no impide que nos pronunciemos con una autoridad tan rotunda como temeraria acerca de cómo son y cómo viven, puesto que nuestro conocimiento no deriva de la observación, sino de la convicción de que no son como nosotros, o más aún, de que son exactamente nuestro opuesto. Eso es lo que explica que los bárbaros de todas las épocas aparezcan invariablemente como taimados y ladrones, atrasados y envidiosos, crueles y desleales, fanáticos y sanguinarios. La proclamada multiplicidad del error heracliteano se convierte paradójicamente en una invariable letanía en la que Roma recoge el relevo de Grecia, y la cristiandad el relevo de Roma, y la civilización el de la cristiandad, y el desarrollo el de la civilización, siempre con idénticas palabras, idénticos argumentos y, por desgracia, idénticos resultados.

El último eslabón de esta cadena que remite en último término a la observación de Walter Benjamin, para quien todo documento de civilización es al mismo tiempo un documento de barbarie, lo constituye una vez más el tratamiento de la inmigración y de los inmigrantes. A ellos se dirigen hoy, apenas sin variación, los juicios y descalificaciones que ha consagrado esa tradición de segundo grado que reconduce lo que es múltiple y diverso a una unidad forzada y sin contenido, basada en la simple negación de la verdad que se entiende como única. Como tantas otras veces en el pasado, la aparición en escena de los bárbaros con toda su parafernalia de costumbres y hábitos exóticos ha dado lugar, también en esta ocasión, a una reacción política e intelectual que invierte la relación entre causas y efectos. Así, la mayor parte de los análisis sobre la inmigración considera que el problema decisivo al que se enfrentan las sociedades de acogida consiste en cómo proteger sus identidades colectivas frente al desafío de la diversidad, en lugar de comprender que, por el contrario, es en la manera de definir esas identidades donde radica el hecho de que la diversidad se convierta en desafío. Hacerlo a través de valores abstractos como la honradez, la tolerancia o la civilización, abona el terreno para que se considere que quienes no comparten rasgos objetivos como la lengua, el color de la piel, el nivel de renta o el lugar de origen, tampoco pueden ser honrados, tolerantes o civilizados, y de ahí la exasperante similitud de los estereotipos acerca de los negros, los pobres o los naturales de una región o de otra. De igual manera, definir la identidad colectiva a través de rasgos objetivos conlleva implícita la idea de que aquellos con quienes se comparte lengua, color de piel, nivel de renta o lugar de origen serán siempre miembros de la comunidad, con independencia de que sus comportamientos se ajusten o no a la honradez, la tolerancia o la civilización. Es normalmente por este camino por donde se acaba disculpando antes a un asesino que a un extraño, dando lugar a esa pavorosa indiferencia de las personas de bien hacia los linchamientos, los pogromos o la limpieza étnica, tantas veces denunciada por las víctimas.

Si partiendo de cualquier descripción de los bárbaros se dirige la mirada, no hacia sus detalles, sino hacia la civilización desde la que se realiza, lo que se dibujará ante nuestros ojos es el entramado de convenciones desde el que actúan quienes ostentan el poder para distinguir la verdad del error. Es decir, lo que aparecerá son los rasgos con los que el poder define la identidad colectiva de su propia comunidad –la verdad una– y desde la que proyecta, en negativo, las identidades colectivas de los demás, ese error múltiple que sirve de carnaza a un debate político e intelectual de vuelo rasante: el que se dirige a establecer jerarquías y clasificaciones entre los bárbaros, dictaminando a continuación los que, en nombre del pragmatismo y del sentido común, pueden ser integrables y los que no. La prolija casuística de las conversiones religiosas en la España inquisitorial del siglo XVI obedece así a los mismos motivos y esquemas que la categorización de los colonizados llevada a cabo en el XIX, en una escala que comenzaba por el salvaje y concluía en el hombre europeo. Una casuística que se repite durante el nazismo, cuando a partir de las Leyes de Nüremberg «para el mantenimiento de la pureza de la sangre alemana» se empieza a distinguir entre «judíos plenos» y «medios judíos», además de «mestizos de primer grado», «descendientes de judíos», «privilegiados» y otras categorías.[2] Corresponde sin duda a Giovanni Sartori el mérito de haber puesto al día esta abominable tradición, al sostener que «una política de inmigración que no distingue el

2. *Vid.* Víctor Klemperer, *LTI. La lengua del Tercer Reich*, Minúscula, Barcelona, 2001, pág. 245.

trigo de la paja, que no sabe o no quiere distinguir entre las distintas "extrañezas" [de los inmigrantes] es una política equivocada destinada al fracaso». Para evitar semejante desdicha a las sociedades democráticas, Sartori propone entonces una entomología social en virtud de la cual «el plus de diversidades (en plural) se puede reagrupar, simplificando, en cuatro categorías: 1) lingüística, 2) de costumbres, 3) religiosa, 4) étnica». Y continúa: «las dos primeras diversidades son muy diferentes de las segundas. Las dos primeras se traducen en "extrañezas" superables (si las queremos superar); las dos segundas, en cambio, producen extrañezas radicales».[3]

La sorprendente paradoja que queda al descubierto a partir de estas observaciones es que así como la descripción de los bárbaros –del error– se ha ajustado siempre a un único modelo (trátese del indio americano o del morisco, del negro o del judío, y hoy del inmigrante, siempre son seres taimados y ladrones, atrasados y envidiosos, crueles y desleales, fanáticos y sanguinarios), ha sido por el contrario la definición de la propia identidad –de la verdad– la que ha podido optar entre alternativas radicalmente distintas. A juzgar por este modo de contemplar la historia, habría que dar la vuelta a la máxima de Heráclito: no es la verdad, sino el error, el que se habría manifestado desde siempre como uno. En cuanto a la verdad, resulta difícil afirmar que sea múltiple. Quizá se trate de una reflexión irresoluble, que remita a un nuevo episodio en la permanente controversia entre el universalismo y el relativismo, fuera de la cual lo más lejos que podría llegarse es a sostener, con Isaiah Berlin, que existen proposiciones contradictorias cuyo fundamento racional parece en todos los casos irreprochable. Aplicada a la de-

3. Giovanni Sartori, *La sociedad multiétnica*, Taurus, Madrid, 2001, págs. 107-108.

finición de las identidades colectivas, sin embargo, esta dificultad para determinar si la verdad es múltiple no debería llevar a la inhibición política e intelectual, a una suerte de neutralidad ante cualquier curso de acción que se derive de las proposiciones contradictorias de las que habla Berlin. Puesto que, por lo general, la definición de las identidades colectivas se hace desde el poder, es sobre el poder sobre lo que hay que reflexionar. Construir una identidad colectiva u otra puede exigir sacrificios y de hecho los exige. En este sentido, ¿la tarea prioritaria del poder consiste en hacer el bien o en evitar el daño? Si, además, ese bien y ese daño no constituyen una opción simultánea, sino pospuesta en el tiempo, ¿está legitimado el poder para infligir un daño actual en nombre de un bien futuro? La preeminencia de la que han gozado Platón y Aristóteles en la filosofía universal se debe al hecho de que ofrecen, entre otras muchas cosas, una respuesta a esa pregunta. En concreto, una respuesta afirmativa, una respuesta que, como puso de manifiesto Karl Popper en *La sociedad abierta y sus enemigos*, se dirigía a derrotar la causa de la libertad y de la justicia mediante la legitimación, cuando no el desprecio, del daño que el ejercicio del poder provocaba en el presente.

Al igual que ocurría con la descripción de los distintos bárbaros a lo largo de la historia, siempre idéntica pese a su aparente multiplicidad, los argumentos para justificar la crueldad y el sufrimiento también se atienen a un único modelo, que no consiste sino en invocar el futuro advenimiento de una sociedad mejor que la actual. Ahora bien, ¿mejor de acuerdo con qué criterio? Una primera respuesta viene de la mano de la leyenda de la Edad de Oro, basada en la creencia platónica de que todo cambio es siempre un cambio a peor y, por tanto, en la suposición de que tuvo que existir una época de esplendor en el pasado que es preciso recuperar. A este patrón se atienen los movimientos políticos que invocan términos como regeneración o renacimiento, en los que los rasgos de la sociedad cerrada, de la definición de la identidad colectiva alrededor de la adoración a un mito y a sus guardianes, se disimulan bajo un relato canónico del pasado: puesto que éste no se puede reconstruir en su integridad, corresponde a la voz autorizada de los filólogos o los historiadores realizar una concreta selección de elementos que el líder político –quizá parte él mismo de esos privilegiados panegiristas de las grandezas pretéritas– deberá reproducir en el presente. Cuando Richard Rorty señala que «la lucha por el liderazgo político es en parte una lucha entre historias divergentes acerca de la identidad de la nación, y entre símbolos divergentes de su grandeza»,[4] no hace más que subrayar la posibilidad de que otros filólogos y otros historiadores realicen una selección de elementos diferente, lo que conllevaría la adopción de un programa político alternativo. La Antigüedad clásica que reivindican los artistas del *Quattrocento* no es toda la Antigüedad, sino la parte que ellos creen más eficaz para desafiar y desacreditar el monopolio que el islam ostentaba sobre ella en el mundo mediterráneo. De igual manera, la reelaboración del esplendor imperial de Castilla llevada a cabo por Joaquín Costa y los autores del 98 no es más que una interpretación entre otras posibles, más tarde impuesta a sangre y fuego por los vencedores de la guerra civil. El Tercer Reich difícilmente podía corresponder con ningún otro Reich milenario, puesto que la distinción entre arios y semitas es una invención del siglo XIX. Y otro tanto cabe decir de las múltiples naciones ancestrales que pretenden reinstaurar, inventándolas, los fanáticos vascos, serbios o hutus. O de la religión pura en

4. Richard Rorty, *Achieving our Country*, Harvard University Press, Cambridge (Massachussets), 1999, pág. 4.

cuyo nombre asesinan los fundamendalistas de toda ralea.

Además de usando el mito de la Edad de Oro, la pregunta de por qué habrá de ser mejor la sociedad futura que la presente ha sido respondida a través de un segundo procedimiento: el de la utopía. Desde el momento en que Aristóteles pone en entredicho el presupuesto platónico de que todo cambio equivale a una degeneración, se abre la posibilidad de que el poder lleve a cabo un giro de ciento ochenta grados en la búsqueda de legitimación para imponer su versión de la identidad colectiva, convencido de que los costes humanos de su proyecto serán siempre inferiores a los beneficios. Ya no será preciso recurrir al pasado como modelo; ahora el modelo es fruto de la reflexión y, en la medida en que nunca ha sido realizado, corresponde al líder político identificar el camino más breve –acortar los dolores del parto, como diría Marx– para alcanzar un paraíso ideado a partir de los dictados de la teología o de la ciencia. Dictados que, al pasar a ser además leyes inexorables de la historia, convierten definitivamente en error, en ese error múltiple frente a la verdad una de Heráclito, cualquier atisbo de crítica o de disidencia.

3

La realidad y los conceptos

Pese a la existencia de una larga tradición anterior, la izquierda europea, y en especial la izquierda marxista, siempre consideró que la utopía era de su exclusiva propiedad. Poco importaba, al parecer, que Platón, Aristóteles, san Agustín o Tomás Moro, pensadores cuyas ideas no pueden considerarse en absoluto concomitantes con las de Marx, hubiesen formulado con siglos de antelación diseños más o menos verosímiles de sociedades perfectas, capaces de proporcionar una completa felicidad a los individuos y exentas por ello mismo de cualquier necesidad o cualquier riesgo de cambio. Hasta que a mediados del siglo XX no empezaron a ser escuchadas y respetadas las voces críticas con la Unión Soviética –cuya formidable máquina de propaganda consiguió confundir durante varias décadas a buena parte de la mejor inteligencia europea y mundial–, la simple invocación de la utopía como objetivo de las acciones del gobierno soviético ejercía un efecto narcotizante sobre la realidad de sus acciones y, por lo tanto, sobre los juicios éticos y políticos que merecían. Bastaba con que aquél recordase con cierta regularidad que su propósito consistía en alcanzar el firmamento, para que cualquier denuncia sobre los tropiezos en tan prometedor camino se descalificase como manifestación de mezquindad burguesa y cortedad de miras.

El razonamiento sobre el que fundaban este juicio los

primeros líderes de la utopía soviética resultaba tan elemental como contundente: puesto que ganar el paraíso exigiría esfuerzos, constituía una obligación insoslayable de las generaciones actuales no comprometer la felicidad de las futuras mediante actitudes críticas o reticentes. Los problemas comenzaron cuando, tras unos primeros pasos duros y difíciles, vinieron otros que lo eran aún más, de manera que el sufrimiento empezó a acumularse en el presente mientras que el futuro se alejaba con irritante naturalidad, como se aleja el horizonte del viajero. Los argumentos en defensa del mantenimiento de un rumbo que, a partir de 1921 con la Nueva Política Económica, muchos ciudadanos empezaban a imaginar fruto de una alucinación más que de las inexorables leyes de la historia, tuvieron que variar espectacularmente de signo: llegados a un punto en el que el sacrificio exigido superaba con creces las compensaciones que ofrecía la realización de un escurridizo ideal, no era sólo el altruismo hacia las generaciones venideras lo que obligaba a continuar; era también la lealtad hacia el sacrificio de las generaciones pasadas. La retórica política dio cabida entonces a una dimensión diferente, en la que la inevitable invocación del futuro era inconcebible sin el recuerdo ejemplar de los que ya lo habían dado todo por él. La nueva legitimación de la utopía en virtud no del paraíso que prometía, sino del sufrimiento que ya había cosechado, impregnó la mayor parte de las manifestaciones del periodo estalinista: junto a la proliferación de masas escultóricas que mostraban a héroes anónimos inclinados épicamente hacia el porvenir, aparecieron los memoriales, mausoleos y llamas eternas; junto a los libros de ciencia que polemizaban sobre el camino para llegar a una meta que nunca se puso en entredicho, las ficciones que describían a personajes que se esforzaban no por distanciarse del ideal colectivo y ganar su individualidad, sino para abrazarse a él y perderla de una vez y para siempre; junto a las vulgatas, los santorales.

Isaiah Berlin analizó con extraordinaria precisión el proceso que permitiría establecer, a partir del romanticismo, una llamativa dualidad del juicio crítico, en virtud de la cual lo relevante desde el punto de vista ético y político pueden ser tanto las acciones concretas de los hombres como las razones últimas de lo que persiguen con ellas. De algún modo, no parece casual el hecho de que fuese precisamente en Rusia donde los escritores anteriores a la Revolución declinaran todas las variantes posibles de los asesinatos movidos por amor, las crueldades por filantropía o los suicidios por vitalismo, un género de contradicción que se mantiene en la consideración de Padrecito que dispensaron bienintencionados comunistas de todo el mundo a uno de los más monstruosos asesinos que ha conocido la historia. Cuando en época de Jruchev se hacen públicas las purgas y atrocidades cometidas por Stalin, y por consiguiente se establece un inmediato paralelismo entre éste y Hitler, el respeto hacia la utopía soviética, y en general hacia cualquier utopía, pudo sobrevivir gracias al expediente de sostener que sus fines fueron en cualquier caso generosos, no como los del nazismo. Es decir, de acuerdo con el análisis de Berlin, el juicio ético y político sobre la Unión Soviética se desplazó desde sus acciones concretas hacia las razones últimas de lo que se perseguía con ellas. Dejando de lado otros aspectos sustanciales del problema, lo cierto es que este oportuno recurso a la «ética de los motivos» permitió, no sólo que se mantuviera la identificación entre la izquierda y la utopía corriente aún en nuestro tiempo, sino también algo a la postre más decisivo: el reconocimiento de la utopía como un valor deseable en lugar de como una amenaza y un tenebroso peligro.

Aunque después de las reflexiones de Hannah Arendt

quedó firmemente establecido el parentesco entre el nazismo y el estalinismo, unidos bajo la rúbrica de proyectos totalitarios, lo cierto es que el análisis, no ya de los indiscutibles elementos que comparten, sino de sus patentes diferencias, podría contribuir a poner de manifiesto que la utopía ha sido desde siempre una de las mayores y más inadvertidas fuentes de sufrimiento. Nazismo y estalinismo se fundamentan en la búsqueda de un igualitarismo extremo, referido a la inmensa mayoría de los ámbitos de la vida humana hasta el punto de someter los rasgos individuales a los colectivos, de sacrificar las variantes del ideal al ideal mismo. Su común naturaleza «socialista» procede de ahí, de ese propósito de uniformidad mejor cuanto más absoluta. Desde la «ética de los motivos» se ha señalado que, mientras la búsqueda de una uniformidad basada en la raza es monstruosa –razón por la cual ni existen ni pueden existir paliativos en la condena del nazismo–, la que toma la clase social como soporte obedece, al menos, a un empeño generoso, de modo que el estalinismo puede interpretarse como una solución aberrante para un problema cierto. Sus partidarios pueden despertar entonces esa difusa simpatía de algunos personajes de la literatura rusa: almas consagradas a hacer el bien pero pavorosamente confundidas en relación con los métodos.

Por supuesto que el punto más débil de esta argumentación radica en que, en efecto, resulta más que dudoso el hecho de que objetivos excelsos puedan ser logrados a través de métodos execrables. Se trata de un viejo dilema de la filosofía política, repetido con diversas variantes antes y después de Maquiavelo. La atención prestada a esta vía de crítica ha impedido el avance a través de otras que, sin embargo, podrían esclarecer con más nítidos perfiles la indefensión del mundo contemporáneo frente a la utopía. En este sentido, convendría comenzar, no por volver a discutir la relación entre medios y fines –un debate ya clásico en el que resulta difícil añadir nuevos argumentos a los ya utilizados–, sino por enjuiciar la validez de las categorías a partir de las cuales se fijan, precisamente, esos medios y esos fines. ¿Obedece la idea de raza del nazismo a una realidad contrastable y mantenida con coherencia en el desarrollo de su doctrina, o, por el contrario, es resultado de una burda manipulación ideológica, llevada a cabo sobre la inhibición de las facultades críticas de los ciudadanos, que ni ven la realidad ni advierten las contradicciones en el seno de la teoría? ¿Ocurre otro tanto con la idea de clase utilizada por los bolcheviques? Entiéndase bien: la indagación que exigen estas preguntas no se dirige tanto a discernir si desde el punto de vista de la biología existe una secuencia genética que permita hablar de raza –algo que, por cierto, parece descartado–, como a la de constatar si aquello a lo que los nazis denominan raza tiene algún referente real en la Alemania de 1933. Y lo mismo cabría señalar acerca de la idea de clase para los bolcheviques: la preocupación principal no consiste en definir qué es una clase desde el punto de vista de la sociología o la economía, sino en determinar si aquello a lo que los bolcheviques llaman clase tenía traducción en la Rusia de 1917.

Desde sus primeras aplicaciones para clasificar grupos humanos en torno a los siglos XIII y XIV, el término raza tuvo un carácter peyorativo. Por oposición a «linaje», cuyo significado originario remite a la hilatura de los paños, se utilizaba para menospreciar la filiación de una persona en razón del credo religioso. Decir de una tela que tenía raza equivalía a decir que tenía defectos. Por este motivo, mientras un cristiano hablaría siempre de linaje para referirse a su genealogía, utilizaría en cambio el término raza para referirse a la de judíos y musulmanes. Y, de igual manera, éstos hablarían de sus respectivos linajes por oposición a la raza de los demás. En la lengua del siglo XVI se encuentran así contrastes hoy paradójicos o sorprendentes, como aplicar la expresión «raza judía» a una persona de este credo mientras que el grupo al que pertenece un negro no se define como raza, sino como «nación». En concreto, como «nación africana». Este tránsito de la idea de raza desde el credo religioso hacia la diferencia de piel o de aspecto físico se produjo de resultas de un doble proceso. Por una parte, la Reforma, que, pese a quebrar la unidad del «linaje cristiano», no llegó a ahondar la diferencia hasta el extremo de que católicos, anabaptistas o luteranos pudieran designarse unos a otros como razas. Por otra, la expansión colonial iniciada en las postrimerías del siglo XVIII, que recuperó ese término de significado entonces impreciso para aplicarlo a las diferencias de color.

Al igual que ocurrió en los siglos XIII y XIV, la raza volvió a ocupar un lugar destacado en el discurso político del XIX, sólo que la continuidad del significante ocultaba en gran medida la extraordinaria transformación del significado. Por contraste con el aspecto físico de los africanos, y una vez sepultada en el olvido la originaria carga peyorativa del término, los europeos comenzaron a contemplarse también como raza, al tiempo que proyectaban una mirada similar sobre los asiáticos, los amerindios o los árabes. El problema que suscitaba esta nueva entomología de la especie humana residía en que, al no prever un término que desempeñara la subrepticia pero decisiva función que llevaba a cabo el de linaje –transmitir que, aunque la clasificación de los individuos se hiciera en función del credo, no todos los credos eran iguales, sino que uno, el propio, resultaba siempre preferible a los demás–, hubo que asociar a la recién nacida raza blanca algún concepto que sirviera para justificar su superioridad frente al resto. Este concepto fue el de civilización, una creación que alejaba al hombre blanco de la naturaleza, lo separaba de ella, convirtiéndolo además en su dueño absoluto.

La inabarcable vastedad y la imprecisión de los perfiles del concepto de civilización sirvieron para que los viejos motivos de discriminación, los mismos que se emplearon en los siglos XIII y XIV, los mismos que ayudaron a establecer la diferencia entre raza y linaje –motivos en definitiva como el credo o la lengua–, reaparecieran en el espacio público europeo, introducidos por la ventana, después de haber sido expulsados por la puerta con ocasión de la Paz de Westfalia. A ellos se unió un motivo de nuevo cuño, la cultura, cuya formulación permitió salvar el exorbitante vacío ideológico que existía entre el carácter concreto del credo o la lengua y la absoluta abstracción del concepto de civilización, agrupando bajo su cobertura semántica elementos de otro modo dispersos, como las leyendas y tradiciones, los hábitos culinarios o de vestido, los modos de producción agrícola, las obras artísticas y literarias, el derecho consuetudinario y, en general, todo el conjunto de manifestaciones que el romanticismo anotaba en la cuenta de un supuesto carácter colectivo de los pueblos.

En un primer momento, credo, lengua y cultura sólo se utilizaron para constatar y afianzar la distancia entre las metrópolis y los territorios que se pretendía colocar bajo dominio colonial. Más tarde, sin embargo, esta mirada que sólo se dirigía hacia el exterior acabó contaminando la que se arrojaba hacia el interior, al constatar las principales potencias del momento que los criterios para distinguir a los pueblos civilizados de los que no lo eran permitían también establecer gradaciones entre las diversas naciones de Europa. La civilización dejó entonces de ser monolítica, lo mismo que la unidad del cristianismo quebró a partir de la Reforma. La diferencia es que, así como los católicos, anabaptistas y luteranos no se aplicaron entre ellos el término de raza, siempre reservado para musulmanes y judíos, los europeos del XIX no tuvieron inconveniente, sino todo lo contrario, en utilizarlo sobre sí mismos, consagrándose a cantar sus propias alabanzas en tanto que razas española, gala, germana o sajona. El entusiasmo llegó tan lejos que no pocos teóricos de las más diversas disciplinas «científicas» –desde la gramática comparada a la cranometría– se lanzaron a identificar razas distintas allí donde percibiesen la más leve especificidad en cualquiera de los infinitos rasgos que formaban el cajón de sastre de la civilización, dictaminando la existencia de una raza bretona distinta de la normanda, una raza vasca sin contacto con la gallega o una raza lombarda irreductible en la alpina.

Por paradójico que resulte, los letales fantasmas que Europa empezó a convocar al lanzarse por esta pendiente no sólo procedieron de la infinita fragmentación de la civilización y de la raza blanca, deshechas como un tapiz a partir de un hilo maestro. La búsqueda de la supremacía emprendida por cada uno de los inestables pedazos resultantes de la quiebra de la unidad que se había forjado frente a los colonizados dio lugar, en efecto, a las guerras nacionalistas del XIX, a esa política caleidoscópica en que los sistemas de alianzas se tejían y destejían a un ritmo cada vez más vertiginoso, hasta desembocar en la descomunal conflagración de 1914. Pero las semillas de atrocidades todavía mayores se estaban fraguando también en la dirección opuesta, en la emprendida por otro grupo de teóricos del XIX que, apoyándose igualmente en disciplinas «científicas», trataban de recomponer la unidad del tapiz de la civilización y la raza blanca. Recurrieron para ello a un conocido expediente filosófico, el de aquella tradición inaugurada por Heráclito y continuada por Platón y Aristóteles: considerar que las diferencias observables en la realidad constituyen variantes de una verdad original. Fue así como se construyó la hipótesis de una primitiva lengua indoeuropea –también llamada indogermánica–, que luego pasó a solaparse con la raza y con el pueblo que la hablaba, que más tarde se transformó en aria y que, en todo momento, se opuso a una línea semita, en cuya definición pesaba sobre todo el apego al credo monoteísta.

Cuando Hitler recurre a la distinción entre arios y semitas para elaborar la doctrina política del Tercer Reich, y cuando decide exterminar a éstos para instaurar la pureza en Alemania, lo que está llevando a cabo es una operación previa y más dramática que la de perseguir unos fines repulsivos a través de unos medios execrables; está dando obcecadamente por buena una descripción de la realidad elaborada por las ensoñaciones cientifistas del siglo XIX, pese a sus manifiestas insuficiencias y contradicciones. Así, comenzar la crítica al nazismo a partir de los argumentos que ofrece la «ética de los motivos», esto es, la convicción de que la búsqueda de la pureza racial es un proyecto político perverso, corre el riesgo de convalidar el caldo de cultivo ideológico en el que prosperó, y que no es otro que el de considerar que, en efecto, la humanidad deriva de un remoto tronco indoeuropeo y de otro semita, y que estos dos troncos han dado lugar por evolución a lenguas, razas, pueblos, naciones, culturas o civilizaciones diferentes.

En segundo lugar, y puesto que la categoría de semita es simplemente la hipótesis –por no decir la quimera– con la que entretuvieron sus horas Herder, Renan o Goldziher, la afirmación de que los judíos son semitas equivale a erigir una fantasía sobre los cimientos de una elucubración. ¿Qué significado tiene el término semita cuando se observa que hay judíos alemanes, etíopes, chinos, georgianos o marroquíes? ¿Racial? Pero entonces ¿qué se entiende por raza? ¿Cultural? ¿Pero, en ese caso, qué es cultura? El nazismo fue por fortuna derrotado, pero el sustrato ideológico sobre el que prosperó conserva una inexplicable vigencia en ámbitos concretos de la reflexión política e intelectual contemporánea, quizá porque la crítica realizada desde la «ética de los motivos» ha desincentivado que se llevara más lejos el debate. En este sentido, ¿cómo es posible que los libros de historia repitan una y otra vez que, tanto en la Edad Media como en el nazismo, los judíos tenían que exhibir un distintivo sin extraer de ello la consecuencia más evidente, y es que si estaban obligados a identificarse era porque no diferían en nada de sus conciudadanos, salvo en el credo, lo cual supone un nuevo y categórico desmentido a las elucubraciones sobre lo ario y lo semita? De igual manera, ¿cómo es posible que se siga calificando de antisemitismo cualquier brutalidad cometida contra los judíos o sus símbolos y que no se aplique el mismo término para los ataques contra los árabes, siendo así que los «científicos» del XIX los consideraban parte del mismo tronco lingüístico y racial?

Si bien se mira, muchos de los esfuerzos teóricos de Lenin tras la toma del poder por los bolcheviques están orientados en una dirección similar a la adoptada por los partidarios de clasificar la abigarrada diversidad humana a partir del concepto de raza. Como ésta, la noción de clase que utiliza el autor de *El marxismo y el Estado* en nada se corresponde con la que aparece en la obra de Marx, para quien el criterio decisivo radicaba en la propiedad de los medios de producción. Si en la Alemania de Hitler aparece de pronto una raza judía en la que nadie salvo algunos «científicos» había reparado hasta la llegada del nazismo, en la Rusia leninista –un atrasado país de nobles y campesinos mantenidos en situación de semiesclavitud– aparecerá un inesperado enemigo pequeñoburgués del que nunca se había tenido noticia durante el gobierno zarista, como tampoco de un repentino proletariado que sólo eran capaces de distinguir los revolucionarios. Los tortuosos argumentos invocados por Lenin para defender que Rusia se lance a construir la sociedad socialista sin atravesar por el trámite de la revolución burguesa calcan en gran medida los de los lingüistas y antropólogos del XIX acerca de las etapas de evolución seguidas por una lengua o una raza determinadas. Y unos y otros evocan, indefectiblemente, la argumentación escolástica que imperaba en Europa durante los siglos XVI y XVII, uno de cuyos rasgos más extravagantes radicaba en la supremacía de las palabras sobre las cosas, o dicho de otro modo, en la elaboración de conceptos a medida que los exigía la lógica interna del razonamiento, y no la observación o el conocimiento de la realidad. Como en el caso del nazismo, enjuiciar el estalinismo desde la «ética de los motivos» llevó a debatir sobre medios y fines cuando, de hecho, el problema era también en este caso anterior. El propósito de crear la patria del proletariado podrá parecernos encomiable o repulsivo, lo mismo que los medios empleados para llevarla a efecto. Pero el absurdo del programa bolchevique consistía en que partía de la existencia de burguesía y proletariado en Rusia, una fantasía de calibre equivalente a la de imaginar que la población alemana de 1933 estaba dividida en razas.

Lejos de haber conjurado los peligros de fondo que acarrearon las interpretaciones de la realidad a partir de conceptos difusos, escolásticos, segregados por las necesidades del discurso ideológico más que por una experiencia contrastable, las sociedades contemporáneas parecen estar incurriendo en nuevas y quiméricas entomologías desde las que se empiezan a derivar, arropadas por un insensato consenso, acciones políticas que revisten cada vez más a las claras los caracteres de las que se llevaron a cabo en la primera mitad del siglo XX. El criterio no es ahora la raza ni la clase, sino un término que, como éstos, recupera un significante anterior aunque manipulando su significado: la cultura. De la misma manera que, llegado el año de 1933, Alemania se pobló de arios y semitas y, sólo a la altura de 1917, Rusia de burgueses y proletarios, las sociedades contemporáneas están viendo proliferar en su seno una multiplicidad de culturas diferentes justo en el instante en el que, según se dice, el mundo está alcanzando una interrelación nunca antes vista.

Poco importa que, como ha puesto de manifiesto Terry Eagleton, la cultura sea hoy «un término elástico que apenas deja nada fuera de él»,[5] y que, por tanto, esta capacidad para abarcarlo todo sin concretarse en nada vuelva a poner en nuestras manos aquel hilo maestro que provocó la infinita descomposición del tapiz. Puesto que la cultura integra lo mismo la lengua que se habla, que la religión que se profesa, que la costumbre gastronómica o la opción sexual –¿no resulta llamativo que los «científicos» que elaboraron la distinción entre el primitivo tronco ario y el semita tuvieran idéntica concepción omnicomprensiva de las ideas de raza?–, las fronteras en el interior de un grupo humano se multiplican. Cualquier cultura que se oponga a otra en virtud de la lengua se volverá a fragmentar cuando se enfrente a una tercera en virtud del credo, y ésta se fragmentará a su vez cuando el eje de su diferencia con una cuarta sea la preferencia gastronómica o la opción sexual, y así hasta convertir a individuos que conviven puerta con puerta en irreductibles extraños, incapaces de comprender las palabras que se dirigen unos a otros porque llegan deformadas después de reflejarse en las decenas de espejos que representan

5. Terry Eagleton, *La idea de cultura*, Paidós, Barcelona, 2001, pág. 63.

las decenas de culturas contrapuestas, de las que se ha poblado repentinamente cualquier bloque de cualquier barrio de cualquier ciudad en cualquier país del mundo.

En términos generales, el proceso de fragmentación que se ha operado en la noción de cultura –la descomposición de este nuevo tapiz ahora en boga– se ha ajustado al mismo esquema que los que padecieron la raza o la civilización. Cuando los ilustrados hablaban de cultura no tomaban en consideración ninguna de las diferencias que hoy pueden resultar determinantes, como la lengua, el credo o la nacionalidad. Ser culto consistía en conocer, aparte del caudal clásico, a Ibn Jaldún, Dante, Shakespeare, Cervantes, Voltaire o Goethe. La cultura era un continente por encima de rasgos accidentales, al que los individuos sólo podían acceder a través de un esfuerzo dirigido a superarlos y hacerlos irrelevantes, a través de un proyecto de vida que implicaba viajar, aprender lenguas o construir el espacio de convivencia social mediante la contención de los sentimientos, religiosos u otros, en el ámbito de la estricta intimidad personal. Con demasiada frecuencia se sigue sosteniendo en estos días que los ilustrados instauraron una especie de culto a la razón, despreocupándose ingenuamente del hecho de que los hombres también actúan por motivos oscuros, relacionados con las pasiones y los mitos. Antes al contrario, lo que los ilustrados pretendían era algo más modesto y en el fondo más realista: no menospreciar o negar la validez de los sentimientos, sino delimitar el terreno social que les correspondía, distinto de aquel en el que debía prevalecer la razón.

El sentido de la revolución romántica no fue, desde esta perspectiva, el de reivindicar la importancia de los sentimientos, sino el de arrancarlos del espacio privado en donde los habían confinado los ilustrados e introducirlos en el espacio público reservado para la razón. El continente habitado por Ibn Jaldún, Dante, Shakespeare, Cervantes, Voltaire o Goethe se disolvió en una diversidad de continentes, berberisco, italiano, inglés, español, francés o alemán. Para acceder a ellos no era ahora necesario ningún esfuerzo, ningún proyecto de vida, sino tan sólo *sentirse* parte de él, o, incluso, *ser* parte de él. Pero instalados los sentimientos en el espacio público que correspondía a la razón, nada impedía entonces abrir las puertas del todo, haciendo que los nuevos continentes berberisco, italiano, inglés, español, francés o alemán se subdividieran en otros continentes más exiguos en virtud de nuevas afinidades emocionales. Y éstos a su vez en otros, y otros y otros, y así en lo sucesivo. La única consecuencia cierta que puede extraerse de la irrupción de los sentimientos en el espacio que los ilustrados reservaron a la razón es que lo que al principio de este proceso se llamaba cultura acabó convirtiéndose, como señalaba Eagleton, en «un término elástico que apenas deja nada fuera de él». De ahí que «en su sentido más amplio, en su sentido social, la cultura» sea «el mayor foco de desacuerdo entre las personas. Entendida como religión, nacionalidad, sexualidad, etnicidad o cosas similares –concluye Eagleton–, la cultura es un verdadero campo de batalla».[6]

Un campo de batalla en el que, una vez más, al igual que sucedió con el término de raza, no sólo se combate a partir de los diversos fragmentos en que ha estallado la noción de cultura, sino también a partir de las diversas hipótesis «científicas» con las que se pretende reconstruir la unidad, siempre en la senda de aquella tradición inaugurada por Heráclito y continuada por Platón y Aristóteles de interpretar el abigarramiento de la realidad como variantes de un modelo originario. La función que

6.   Eagleton, *op. cit.*, pág. 68.

desempeñó en el XIX la invención de un primitivo tronco indoeuropeo opuesto a otro semita –restableciendo la unidad en una diversidad que se destejía sin control desde que se contempló la realidad europea con los criterios hasta entonces sólo aplicados a las colonias– es desarrollada hoy por la distinción entre la civilización occidental y la musulmana, cada una con su propia «familia» de culturas como el tronco indoeuropeo disponía de su propia «familia» de lenguas y razas, y el semita de la suya. Los paralelismos entre una y otra clasificación son tan estrechos que allí donde Herder, Renan o Goldziher reconocen que ni China, ni África, ni Oceanía forman parte de la división principal entre indoeuropeos y semitas,[7] teóricos como Huntington aseguran que la única línea de fractura hoy relevante es la que opone a Occidente y el islam, de modo que una vez más China, África y Oceanía vuelven a quedar fuera del núcleo duro del conflicto en el que, siempre según estas ensoñaciones, que no son en el fondo más que una y la misma ensoñación, la humanidad se juega su futuro.

Y lo peor es que, en efecto, puede jugárselo: basta con que un gobierno lo suficientemente poderoso les dé crédito y empiece a actuar como si fuesen descripciones de la realidad, y no conceptos difusos, escolásticos, segregados por las necesidades del discurso ideológico más que por una experiencia contrastable. En la treintena de páginas que componen el famoso artículo de Huntington, el término civilización es definido y redefinido en más de una docena de ocasiones, siempre tratando de buscar el perfil más conveniente para su argumentación, no el más apropiado para describir la realidad. A través de este procedimiento, Huntington puede disimular las evidencias

7. *Vid.* Maurice Olender, *Las lenguas del Paraíso*, Seix Barral, Barcelona, 2001, pág. 94.

que hacen de su hipótesis una simple actualización de la distinción «científica» entre indoeuropeos y semitas, razón por la cual su idea de civilización abarca los mismos elementos que la idea de raza manejada por Herder, Renan o Goldziher. Si para éstos la superioridad de la raza blanca venía determinada por el hecho de haber creado la civilización, para Huntington, por su parte, la superioridad de la civilización occidental se apoya en su invención del laicismo y la democracia. Así se cierra el círculo que ofrece a su hipótesis una apariencia de incontestable: si define a la civilización que no es occidental como musulmana, esto es, si la define en función del credo y no de la ubicación geográfica, ¿no está implícitamente negando que pueda ser laica y democrática? O dicho de otro modo, ¿por qué no contrapone a la supuesta civilización occidental una oriental? ¿O por qué no contrapone a la hipotética civilización musulmana otra hipotética civilización cristiana? La respuesta es sencilla: porque las colocaría en pie de igualdad y el objetivo de su razonamiento no es describir la realidad, sino ofrecer argumentos que nos confirmen en la creencia de que, hagamos lo que hagamos, nos comportemos de la manera en que nos comportemos, no se verá alterada la inamovible ecuación, el férreo determinismo, de que *nosotros* somos los civilizados y *ellos* –*ellos*, da igual de quiénes se trate– son y serán siempre los bárbaros.

Desde esta perspectiva, la crítica de los totalitarismos nazi y estalinista a partir de la «ética de los motivos», de la relación entre medios y fines, ha actuado como pantalla para ocultar que se trataba de doctrinas políticas no construidas sobre la base de realidades sociales, sino de conceptos en gran medida escolásticos como los de raza o clase. Analizar desde esta perspectiva la dramática experiencia del siglo XX ofrece la indiscutible ventaja de ponernos sobre aviso acerca de los riesgos que empezamos a correr al recrearnos, nosotros también, en abstracciones no menos escolásticas, como son las de cultura y civilización. Con nuestra desidia intelectual, con nuestra condescendencia hacia las descripciones de la realidad que adormecen el sentido crítico mediante el empleo de viejas palabras que apreciamos mientras su significado es manipulado y pervertido, estamos contribuyendo a crear un caldo de cultivo en el que puede prosperar la intolerancia, en el que de hecho prosperaron dos de sus versiones más atroces en la primera mitad del siglo xx. Como demostró Hannah Arendt, ambas constituyen expresiones del totalitarismo, ambas demuestran la capacidad de la ideología para enmascarar el sufrimiento más indecible o para encuadrarlo en un contexto «histórico» o «científico» que lo presenta como inevitable, convirtiéndolo en sacrificio o en tributo. También en este punto, la crítica del totalitarismo se ha conformado muchas veces con los argumentos suministrados por el debate sobre los medios y los fines, condenando al nazismo y al estalinismo sobre la base de la «ética de las consecuencias». Puesto que uno y otro dejaron a su paso millones de muertos, ¿qué importancia puede tener el que, como se señalaba desde la «ética de los motivos», el proyecto del nazismo resultase condenable de por sí mientras que el estalinismo, por su parte, obedeciese a un propósito altruista, aunque perseguido de acuerdo con una estrategia planificada por carniceros? El desinterés o la incapacidad de ir más allá de esta evidencia, de buscar nuevos y diferentes argumentos a los ya sabidos sobre la imposibilidad de que jamás un paraíso pueda coronar una montaña de cadáveres, vuelve a acentuar la indefensión de nuestra época frente a tópicos e ideas elementales de apariencia inofensiva pero que guardan un inquietante parentesco con los procesos ideológicos que desembocaron en la catástrofe.

Igual de abominables por los fines que adoptaron –en la medida en que lo decisivo no es que fuesen intrínsecamente buenos o malos, sino que se establecieron de acuerdo con categorías escolásticas–, igual de abominables por los medios a los que recurrieron –entre los que destacaron la tortura, el asesinato y los campos de exterminio–, nazismo y estalinismo difieren, sin embargo, en un punto crucial: el desprecio y la negación del presente que ambos llevan a cabo se justifica, en un caso, mediante el retorno a una hipotética Edad de Oro, mientras que, en el otro, se invoca un futuro diseñado racionalmente, una utopía. En términos generales, las sociedades contemporáneas parecían reconocer hasta ahora los proyectos políticos que entrañaban el retorno a un pasado reconstruido y por eso mismo idealizado, y solían contemplarlos con un temor retrospectivo o cuando menos con una precavida indiferencia. Pero las cosas parecen estar cambiando. Tal vez haciéndose eco de la alteración operada en el significado del término cultura, la mayor parte de los gobiernos democráticos han interpretado que desarrollar una política en este ámbito consiste en financiar las fiestas y expresiones de folklore, inyectando fondos en languidecientes grupos de bailes regionales, animando concursos de gastronomía tradicional o programando exposiciones siempre vinculadas a alguna efeméride patriótica, mientras, al mismo tiempo, se liquidan los fondos de las editoriales dependientes del Estado, se considera deseable que las universidades se autofinancien a partir de sus propios ingresos o se consideran contrarias a la ortodoxia económica las subvenciones para la ópera, el teatro o el cine. Vistas así las cosas, ¿qué tiene de extraño que, tras años de coqueteo con las expresiones *Volkish*, los viejos Estados europeos se enfrenten cada vez con más frecuencia a reivindicaciones de carácter étnico? ¿Cómo puede sorprender que la inmigración, la presencia de extranjeros, se aborde como un asunto cultural antes que como un asunto económico? ¿Acaso esta concepción de la política cultural que prefiere financiar un taller de artesanía antes que la edición de una obra de un autor minoritario pero decisivo para desentrañar los mecanismos de la intolerancia, siendo ambas opciones perfectamente ruinosas desde el punto de vista económico, no implica una soterrada preferencia por las ideologías que aspiran a restaurar la Edad de Oro?

Pero si la indefensión de nuestras sociedades ante las negaciones del presente realizadas desde la idealización del pasado resulta preocupante –basta contemplar el auge de los movimientos nacionalistas, para los que la distinción entre lo propio y lo ajeno, entre lo nativo y lo foráneo, constituye el criterio político determinante–, la indefensión que padecen frente a la utopía es aún mayor. Al dar por descontado que ésta es patrimonio de la izquierda y que la izquierda ha fracasado, como lo demuestra la caída del muro de Berlín y el final de la Unión Soviética, el paradigma de política económica hoy dominante se presenta no como lo que es, una opción entre otras opciones, sino como una simple y descarnada descripción de la realidad. La disidencia se traslada así a un terreno en el que resulta imposible, porque oponerse a una determinada decisión política se convierte en una prueba de ceguera o de enajenación, en la medida en que es oponerse a la realidad. Si como han logrado dejar establecido los nuevos utopistas hablar de globalización evoca al mismo tiempo el punto de la historia que parece alborear y el camino obligatorio para llegar a él, esto es, si el concepto de globalización es a la vez una descripción y una prescripción, oponerse a la primera es oponerse a la segunda. Y eso, con cifras y leyes económicas en la mano, sólo puede ser obra de nostálgicos o de locos.

4

Variaciones sobre la intolerancia

¿Cuánto hay de nuevo en cualquier periodo de la historia y cuánto puede considerarse mera continuidad o reminiscencia de épocas anteriores? A juzgar por una opinión admitida con generalidad, los grandes ciclos consagrados por el relato canónico del pasado –Antigüedad clásica, Edad Media, Renacimiento, Modernidad– suelen carecer de fronteras precisas, de modo que, junto a rasgos considerados como inéditos, sobreviven siempre hábitos e instituciones de las épocas previas. Sobre la base de esta inevitable promiscuidad entre lo nuevo y lo antiguo han prosperado algunas de las ideas más corrientes a la hora de representarse el devenir de la historia, como la que recuerda la dificultad de que los protagonistas de los acontecimientos más decisivos sean conscientes de la trascendencia de lo que viven. De ahí se suele deducir que la historia, como disciplina, necesita de una cierta perspectiva para elaborar hipótesis y extraer sus conclusiones; lo contrario es periodismo, crónica de actualidad, hojarasca que el paso del tiempo reducirá a ceniza. Se produce así la llamativa paradoja de que, frente a las ciencias experimentales cuyo modelo deseó calcar desde principios del siglo XX, la historia resulta tanto más fiable, tanto más «científica», cuanto más se aleja de su objeto de estudio, en lugar de cuanto más se aproxima a él. Desde esta óptica, resulta difícil encontrar la lógica que se esconde detrás de una expresión habitual en libros y manuales, como es la de que los estudios históricos «han avanzado» en la comprensión de una materia o un periodo cualquiera. En rigor, se trata de un avance incongruente, que nos ha habituado a imaginar que más se sabe cuanto más se olvida: quienes mejor conocieron a los sumerios no fueron los sumerios mismos, ya que carecían de perspectiva; son, por el contrario, quienes contemplan las ruinas de sus ciudades y tratan de leer sus textos reducidos a fragmentos, rellenando con ingentes dosis de fantasía las líneas borradas por la erosión y las lagunas en el conocimiento de la lengua en la que están escritos.

En realidad, lo que subyace a esta extravagancia derivada de considerar la historia como ciencia es un problema filosófico de alcance general, en concreto la discusión acerca de si el sentido se encuentra implícito en la naturaleza o en los acontecimientos, o son los hombres quienes se lo imprimen. Por más que los historiadores más juiciosos y liberales insistan en su preferencia por esta segunda posición, lo cierto es que la entera configuración de la historia como disciplina no puede escapar de la primera. Las consecuencias que se derivan de ello resultan letales cuando el poder político comienza a actuar desde la convicción, no sólo de que ese sentido implícito efectivamente existe, sino de que, además, él debe asumir la función de principal intérprete y ejecutor. Pero hasta llegar a ese punto en el que se hace patente la evidencia de que el poder actúa para un fin y sólo para uno, de que el poder ha asumido algún integrismo –religioso, histórico, científico– como pauta de comportamiento, es preciso que los individuos vayan acomodándose a una sucesión de renuncias en apariencia aisladas e irrelevantes, que se acostumbren a vivir rodeados de flagrantes contradicciones que, sin embargo, permanecen ocultas no por la acción de una camarilla de conspiradores, sino por un enemigo más temible y difícil de vencer: el abotargamiento generalizado del sentido crítico.

¿Cuántas veces tuvieron que oír los alemanes del Tercer Reich que los judíos controlaban las finanzas mundiales hasta que llegó a parecerles admisible perseguir a los que malvivían con los ingresos de una modesta barbería o de un colmado en Munich? ¿En cuántas ocasiones se repitieron a sí mismos los intelectuales europeos que el comunismo conducía a una sociedad sin clases para no ver que cualquier ciudad soviética era un kafkiano enjambre de castas, con nomenklaturas privilegiadas, trabajadores especializados en centenares de nimiedades, y disidentes clasificados según su peligrosidad? Y todavía hoy, ¿cómo pueden convivir sin excluirse afirmaciones que, por una parte, sostienen que los musulmanes son sucios y, por otra, que el islam es una religión tan invasora de la vida privada que llega a exigir, incluso, que sus fieles se laven antes de rezar, una operación a la que están obligados en cinco momentos diferentes del día?

El abotargamiento a la hora de reconocer las contradicciones sobre las que se forjan los estereotipos, y después las categorías «científicas» en virtud de las cuales actúa el poder, suele constituir el primer paso de un proceso cuya siguiente estación es la de no advertir que la convivencia entre los individuos parece condenada a correr los mismos riesgos que corrió en el pasado, siempre girando en torno a un puñado de notas y contrapuntos invariables como en el bolero de Ravel. Cambian los nombres para designar las razones que llevan a los conflictos provocados por la intolerancia, pero las razones, en cuanto tales, se repiten con una descorazonadora uniformidad. Una y otra vez, sin apartarse una pulgada de una recurrente partitura en la que machaconamente se incluyen aires que son siempre los mismos: invocar la verdadera fe o la civilización para sojuzgar a pueblos enteros en nombre de un fin superior; exigir la adhesión íntima a una religión o a un credo político para castigar a quienes, enjuiciados por sus acciones, resultarían intachables; asociar una determinada creencia a un determinado tipo genético para que, a través de la filiación, la culpa de los padres se perpetúe en los hijos; promover la metáfora que compara la disidencia con la enfermedad para que, recurriendo a la figura del contagio, el sospechoso se vea recluido en una soledad inexpugnable; acudir al antropomorfismo a la hora de describir a los grupos humanos, de manera que el pasado se pueda despachar como infantil, el presente vigoroso sirva para exculpar los excesos propios de la juventud y la decadencia, entendida como vejez, exhorte al renacimiento y a la regeneración. Y todo ello por no hablar de las cirugías que, a través de la extirpación de tumores o la amputación de órganos gangrenados, permita preservar la salud de los vitales y, por consiguiente, la vida del cuerpo.

El expediente básico a través del cual se disimula la invariable repetición de estos y otros argumentos –dirigidos en todo caso a negar la autonomía del individuo frente al grupo, así como a transferir la responsabilidad de las propias acciones hacia instancias obligatorias e impersonales– no es otro que el de la infinita diversidad de los ropajes que los envuelven. Ajusticiar en nombre del catolicismo parece un fenómeno de naturaleza diferente a hacerlo invocando la doctrina de Calvino, precisamente porque la atención se dirige hacia las divergencias teológicas entre la Iglesia de Roma y la de Ginebra, y no hacia el hecho de que tanto una como otra enciendan piras en las plazas públicas. De igual manera, conquistar un continente para imponer un credo religioso se toma por un propósito distinto de sojuzgarlo en nombre de la civilización, puesto que los términos que se consideran relevantes para la comparación son las respectivas coartadas y no la brutalidad con las que se ejecutan. Y otro tanto cabría decir de la admiración con que se contempla el Renacimiento frente a la inquietud con que, por ejemplo, se acogen los llamamientos de Milosevic a recuperar el espíritu de los serbios en la batalla de Kosovo de 1389, dando por descontado que los hombres del *Quattrocento* y del *Cinquecento* se limitaron a revivir el pasado clásico y no a reinventarlo para expulsar de él a los musulmanes; es decir, lo mismo que hace el dictador de Belgrado con el pasado balcánico y con los kosovares, bosnios, eslovenos y croatas, a los que convierte en intrusos y usurpadores del territorio de Yugoslavia. Por último, tampoco es posible encontrar diferencias sustanciales entre las ingenierías sociales totalizadoras que han buscado su legitimación en las leyes de Dios, la historia o, como es corriente en nuestro tiempo, la economía. Se mantiene en la penumbra, sin embargo, que san Agustín, Marx y los neoliberales utilizan distintas palabras para definir un objetivo que es único e idéntico: el de transformar la sociedad de acuerdo con los designios de una instancia superior e inapelable, frente a la que nada pueden los individuos.

Basta una rápida mirada al pasado para advertir que, junto a la nutrida variedad de ropajes con la que se recubren una y otra vez los viejos argumentos de la intolerancia, existe un segundo procedimiento para provocar el abotargamiento del sentido crítico, de modo que cada *ritornello* del bolero de Ravel parezca en la apreciación de sus sucesivos oyentes una composición rigurosamente inédita. Se trata de la retórica de la nueva era y del nuevo comienzo, una de cuyas variantes más consolidadas es la de proclamar la incomparable superioridad de la época presente en relación con todas las que la precedieron, la de considerarla como «la más alta ocasión que vieron los siglos». La eficacia de este recurso se revela tan poderosa que, por lo general, no suele advertirse el estrecho parentesco que existe entre el nuevo Estado propugnado por el fascismo, el nuevo orden del nazismo y el hombre nuevo que reclamaba el comunismo soviético. Tampoco deja ocasión para que se repare en que el más inmediato precedente del fin de la historia pronosticado por Francis Fukuyama desde los presupuestos del capitalismo clásico no es otro que el fin de la utopía pronosticado por Herbert Marcuse, en este caso desde los presupuestos del marxismo. Pese a sus aparentes diferencias, ambos comparten una idea central, y es la de que, llegados a un punto de la evolución histórica, resulta imposible dar un solo paso más en la línea del progreso.

Este segundo procedimiento para ocultar la evidencia de que detrás de los proyectos que invocan la más rabiosa novedad se suelen esconder las más abyectas intenciones, ha terminado impregnando, por reacción, la actitud de quienes a lo largo de la historia se han resistido a participar en ellos. Se hace así más opaca la interpretación seminal del pasado, aquella que permite identificar la soterrada relación entre procesos sin conexión aparente y, en definitiva, reconocer los mecanismos de los que se vale la intolerancia para imponerse como una consecuencia natural o inevitable. En este sentido, cada vez que se insiste en la idea de que el liberalismo y la ciudadanía son conceptos que tienen su origen en la Revolución francesa se está sin duda constatando una evidencia histórica. Pero una evidencia histórica bajo la que pueden identificarse dos interpretaciones contrapuestas. Una primera para la que 1789 representa un antes y un después definitivos en la historia de la humanidad, al idear un marco de convivencia desconocido hasta entonces, como es el de construir la comunidad política tomando como base un pacto sobre los derechos y deberes de los individuos. Al igual que Marcuse o Fukuyama en relación con la utopía o la historia, esta forma de interpretar la dimensión de la Revolución francesa es tributaria de la retórica de la nueva era y del nuevo comienzo, del *non plus ultra*, lo que automáticamente obliga a considerar los siglos anteriores como épocas de sombra y las posteriores como una denodada búsqueda del ideal, en la que, de nuevo, los esfuerzos se convierten en tributos y las víctimas en mártires. Aunque contemplando la cuestión desde un ángulo diferente, François Furet constata esta paradoja cuando en *El pasado de una ilusión* advierte la inestabilidad política que provocó en Europa la proclamación de la igualdad como principio revolucionario. En la concepción de quienes participaron en el asalto a la Bastilla, la igualdad a la que se referían era la que conducía a borrar las diferencias de nacimiento. Pero, poco después, la búsqueda de la igualdad se extendió a otros ámbitos no previstos por los revolucionarios franceses, como fueron los de la raza, la cultura, la civilización o el nivel de renta, significaran lo que significaran esos conceptos.

La segunda interpretación desde la que se puede afirmar que el origen del liberalismo y la ciudadanía se encuentra en la Revolución francesa, huye de la idea de que 1789 constituya un acontecimiento único y sin precedentes, un hito que marque cualquier género de cesura en la historia. Desde esta perspectiva, el liberalismo y la ciudadanía serían tan sólo una de las respuestas que ha ofrecido la tolerancia al problema decisivo con el que se ha enfrentado siempre el poder, que es el de cómo organizar las comunidades políticas de manera que se minimicen los riesgos de enfrentamiento, evitando la vía de la represión, que es la vía de confundir –como decía Tácito acerca de algunas campañas militares de Roma– la devastación con la paz. El tipo de indagación histórica a la que invita este modo de interpretar la Revolución francesa –alejada de cualquier reminiscencia de la retórica de la nueva era y del nuevo comienzo, de cualquier *non plus ultra*– es la que permite comprender que, al igual que el liberalismo y la ciudadanía, otros conceptos del pasado surgieron de similares propósitos de integración y desempeñaron, por ello, una función equivalente en las sociedades en las que se aplicaron.

Cuando en estos días se da por descontado que el islam es un credo fanático y excluyente, y se anatemiza no ya a quienes siguen voluntariamente sus preceptos, sino también a quienes, ajenos cuando no hostiles a cualquier sentimiento religioso, han tenido la fortuna o la desgracia de nacer en un país de mayoría musulmana, parece una empresa condenada a la burla y al fracaso recordar que, a la altura del siglo VII, Mahoma elaboró su doctrina sobre el mismo esquema lógico empleado por los revolucionarios franceses a la hora de forjar los conceptos de liberalismo y ciudadanía. Frente a las estructuras del medio tribal de la Arabia de la época, basadas en los vínculos de sangre, el Profeta propone un nuevo vínculo de naturaleza abstracta –el reconocimiento del Dios único– por cuyo intermedio la distinción de los individuos en virtud de su nacimiento pierde toda relevancia. Fuera ya del estrecho marco de la península arábiga, Mahoma interviene decididamente en la disputa que está desgarrando a la comunidad monoteísta mediterránea, en cuyo seno se enfrentan, por un lado, judíos y cristianos –separados por la disputa de si Cristo es o no el Mesías prometido en las Escrituras–, y por otro, arrianos y trinitarios –unos y otros cristianos a los que divide, sin embargo, el reconocimiento o no de la divinidad de Cristo–. En el Corán se toma partido por la posición de los cristianos frente a la de los judíos, y por la de los arrianos –no existen tres personas divinas– frente a los trinitarios. Pero por encima de estas diferencias, todos son considerados parte de la comunidad porque todos tienen un rasgo en común, el único decisivo para definir a la comunidad musulmana: defienden la unidad de Dios. Ello es lo que permite dividir el mundo entre *dar al-harb* –la casa de la guerra– y *dar al-islam,* un esquema que deriva de la misma estructura lógica a partir de la cual los filósofos revolucionarios distinguen entre un estado de naturaleza y un estado de sociedad.

Por supuesto que en nombre del islam –de este islam que aspiraba a encontrar un vínculo entre los individuos que desterrase la violencia en sus relaciones– se cometieron innumerables atrocidades, lo cual demuestra las evidentes insuficiencias del proyecto político de Mahoma y, en general, de todo proyecto político. Pero también la Revolución francesa degeneró en terror, y todavía en nuestros días hay quienes, como Giovanni Sartori, sostienen que la «elasticidad» del liberalismo y la ciudadanía no son infinitas, con lo que implícitamente están sugiriendo un retorno o un anclaje en los orígenes que no es en el fondo otra cosa que una deriva ideológica que repite el modelo de los islamistas: también para éstos el islam ha llegado a su límite, y no puede ni debe seguir tratando con las «Gentes del Libro» sin correr el riesgo de la corrupción.

El erasmismo de la Europa del XVI constituye otro eslabón en la saga de conceptos que, como el liberalismo y la ciudadanía, se ajustaban a un propósito de integración, de hallar un vínculo común a todos los individuos sobre el que articular la comunidad política y, en última instancia, minimizar el riesgo de confrontaciones. La quiebra de la unidad cristiana que supuso la Reforma se tradujo en interminables guerras de religión, a las que resultaba difícil ponerles fin si la manifestación externa del credo se consideraba un elemento decisivo para identificar la pertenencia del individuo a la colectividad. Erasmo sugiere la fórmula que permitiría la pacificación de la Europa de su tiempo: recluir el culto religioso en la intimidad personal, de modo que la esfera pública se construyera sobre el carácter cristiano que, pese a sus diferencias, seguían compartiendo las múltiples iglesias que surgen a partir de Lutero. Conviene insistir en que no se trata de que –como se ha empezado a decir en estos días– el cristianismo evolucionara hacia el laicismo. Fueron las sociedades de mayoría cristiana las que optaron por el laicismo para evitar que las disputas religiosas se convirtiesen en contiendas civiles.

La idea de tolerancia religiosa así instaurada en la Europa del XVII, exaltada hoy como un valor universal y sin contexto, surge, pues, en el seno de las sociedades de mayoría cristiana y sólo para las divergencias entre cristianos, dejando siempre fuera de campo a musulmanes y judíos. De ahí que en las obras capitales para el triunfo de la tolerancia en Europa como *Contra el libelo de Calvino*, de Sebastien Castellio, o como los ensayos de Locke y Voltaire, se alternen razonamientos excepcionalmente lúcidos, dignos por derecho propio de formar parte de una hipotética antología dirigida a combatir cualquier discriminación en todo tiempo y lugar, con un sorprendente menosprecio hacia los otros dos grandes credos monoteístas. A la vista de algunos avatares posteriores acaecidos en la historia europea, cabe interrogarse si no pudo ser precisamente esta falla de la tolerancia, este exclusivo carácter cristiano para el que fue concebida, lo que permitió en último extremo el desarrollo de la hipótesis que distinguía entre lo indoeuropeo y lo semita; la hipótesis que suministró los argumentos «científicos» para los pogromos de los siglos XIX y XX y que hoy, tras la espiral de tensiones internacionales iniciada en 1979 con la Revolución iraní, parece renacer de sus siniestras cenizas aunque dirigida en exclusiva contra los ciudadanos originarios de países en los que el islam es el credo mayoritario.

En demasiados sentidos, el trato que se les dispensa recuerda al de los judíos en la Europa posterior al caso Dreyfuss, en la que países como Francia no sólo recuperaron a partir de 1925 las antiguas leyes «antisemitas», sino que lo hicieron sustituyendo línea por línea y párrafo por párrafo el término «credo» con el que originalmente estaban redactadas por uno más moderno y acorde a las convenciones ideológicas de la época como era el de «raza». Al igual que los judíos de entonces, los musulmanes de hoy pueden no poner los pies en la mezquita, embriagarse y comer cerdo, cometer robos y adulterios, practicar la nigromancia y la usura: a ojos de los nuevos indoeuropeos que son los habitantes de Occidente, jamás perderán su condición de musulmanes, como tampoco los judíos perdían la suya, hicieran lo que hicieran y creyesen en lo que creyesen. Antes al contrario, todas estas y cualesquiera otras violaciones de los preceptos del islam les convierten en más musulmanes todavía, porque, al igual que el judaísmo en vísperas del horror hitleriano, el credo de Mahoma se tiene en estos días por una secta aberrante, que anima a sus fieles lo mismo a una acción que a su opuesta.

La Ilustración coincide con el erasmismo en el propósito de construir la comunidad política a partir de ciertos vínculos compartidos por todos los individuos, pero difiere de él en la estrategia para hallarlos. En lugar de proceder mediante la búsqueda de un denominador común, su punto de arranque es exactamente el inverso: defender la existencia de valores universales que, precisamente por serlo, permiten contemplar a la humanidad como un conjunto. Para los ilustrados, la diversidad equivale a particularismo, y éste ni compromete ni contradice los ideales últimos, racionales, sobre los que se debe construir la comunidad política. En la tradición filosófica europea parece consolidada la idea de que el principal enemigo de la Ilustración fue el relativismo, adoptado por el movimiento romántico como reacción a un culto a la razón que se juzgaba excesivo. Es más: siempre según esta misma tradición, el relativismo sería la causa última de las principales tragedias vividas en Europa, al inspirar movimientos que, como el nacionalismo y otros, exaltaban la fe, los sentimientos y, en definitiva, todo cuanto representase la antítesis de la racionalidad.

Por desgracia, el problema resulta mucho más complejo. Sin duda que el relativismo y las doctrinas políticas directamente inspiradas por él han dejado tras de sí épocas enteras de muerte y devastación. Pero también algunas de las criaturas del universalismo ilustrado, como el colonialismo, han provocado estragos capaces de marcar la memoria de la humanidad durante décadas. Y es que, probablemente, la disyuntiva sustancial que conduce a la tolerancia o a la intolerancia no radica en decidir si existen o no valores universales, un debate que lleva dos siglos girando invariablemente alrededor de los mismos argumentos y contraargumentos; la disyuntiva sustancial remite a una discusión diferente, que consiste en dirimir si los universales pueden ser revisados, no a la baja como pretende el relativismo, sino al alza como debería deducirse de la propia lógica del universalismo. Cuando Montesquieu da la razón a Moctezuma al señalar que, en efecto, la religión de los aztecas podría convenirles a éstos lo mismo que a los españoles les conviene la católica, probablemente no está negando el universalismo en nombre del relativismo, una interpretación tal vez equivocada en la que incurre, entre otros, Isaiah Berlin. Lo que está haciendo es, por el contrario, defender el universalismo mediante la constatación de que, frente al universal que entonces encarnaba el catolicismo, existía un universal aún más abstracto y, por tanto, más incluyente, que se cifraba en la simple creencia religiosa. Aztecas y españoles no llegarían a constituir una unidad si se atenían al contenido concreto de sus respectivas creencias trascendentes. La unidad sólo sería posible –y éste era el sentido de las posiciones de Moctezuma y Montesquieu– si se construía sobre la constatación inicial de que unos y otros poseían esas creencias.

Desde esta perspectiva, no era el universalismo frente al relativismo lo que estaba en cuestión; era, una vez más, la retórica de la nueva era y del nuevo comienzo. Si, en efecto, el catolicismo constituía la única fe verdadera y la sociedad cristiana el punto de llegada a partir del cual todo habría de ser pacífico y definitivo –el *non plus ultra* que está en el origen de no pocos padecimientos de la humanidad–, en ese caso hasta el más bienintencionado de los universalismos, aquel que predicaba el entendimiento entre todos los hombres de buena voluntad, se convertía en un instrumento para legitimar atrocidades como el sometimiento de los indios, las conversiones en masa o los tenebrosos juicios y condenas de la Inquisición. En línea con este endurecimiento e impermeabilización de los universales, la ciencia ocupará el papel de la religión en el momento del colonialismo. También aquí la confrontación entre universalismo y relativismo oscurecerá la comprensión de una parte decisiva del fenómeno colonial, que no se apoyó únicamente en la evidencia de que la ciencia experimental daba respuesta a problemas humanos inabordables desde otras formas de pensamiento. Se apoyó, además, en la expropiación de los hallazgos científicos de aquellos pueblos a los que se propuso someter, salvaguardando de paso la idea de que la ciencia era una exclusiva criatura europea: desde el álgebra a la constatación de que la naturaleza –y no la oración o las rogativas– ofrecía remedios contra las enfermedades, desde el heliocentrismo al imán y sus aplicaciones, todo un patrimonio común a numerosos pueblos y continentes pasó a ser coto privado de Europa, protegido celosamente por leyes que, al mismo tiempo que invocaban la necesidad de civilizar a bárbaros y salvajes, les vetaban el acceso a conocimientos que también habían sido suyos y, por supuesto, a todo el abanico de nuevos conocimientos construidos sobre los anteriores.

Interpretado en los términos de la disputa entre universalismo y relativismo, el fenómeno colonial aparece como una caricatura: cuestionar que la ciencia constituye un universal llevaría a afirmar que los africanos podrían reivindicar su propia ciencia siempre y cuando estuviesen dispuestos a asumir que un dolor de cabeza es incurable. El problema es previo: los africanos tuvieron una participación destacada en el hallazgo de la solución al dolor de cabeza –¿por qué la generalización en el tratamiento mediante fármacos coincide con la expansión colonial?–, pero fue esta participación la que Europa se encargó de ocultar para justificar la coartada última de su dominio, disfrazándola a continuación de universal. La imagen que ha quedado desde entonces es que, mientras el europeo acude al médico para que sane sus enfermedades a través de compuestos extraídos del medio natural, el africano confía en los exóticos conjuros del *kimbanda*. Hasta el inicio de la expansión colonial era exactamente al contrario: los africanos recurrían a compuestos extraídos del medio natural para sanar sus dolencias –hoy acuden al médico como cualquier individuo juicioso y que tenga posibilidad de hacerlo–, mientras que los europeos practicaban las más fantásticas devociones, convencidos de que la fuente de todo saber, incluido el médico, se encontraba en la autoridad de los textos antiguos y no en la experimentación ni en la relación directa con el medio natural, de la que se encargaba la magia, una disciplina castigada como pecado y como delito. Y ahora sí: convertida la ciencia en universal y reinstaurada a partir de ella la retórica de la nueva era y del nuevo comienzo de la que se valió la empresa colonial, la historia del mundo volvía a dividirse en dos. La oscuridad presidía las épocas que felizmente se habían dejado atrás, en tanto que el futuro aparecía radiante tras las columnas del *non plus ultra* que la ciencia había plantado en pleno corazón del saber europeo.

La separación del liberalismo y la ciudadanía de la saga de soluciones que, como el islam frente al tribalismo del siglo VII, el erasmismo frente a la quiebra de la unidad cristiana o la Ilustración frente a lo que hoy se denominarían diferencias étnicas, ha impedido muchas veces advertir que el mecanismo ideológico en el que se basa es el mismo al que ha recurrido siempre la tolerancia: la construcción de la esfera pública a partir de los rasgos comunes a los individuos, enviando a la esfera privada cuanto les diferencia e incrementa los riesgos de enfrentamiento. Por otra parte, la decisión de dotar a ambos conceptos, al liberalismo y la ciudadanía, de un contenido único e invariable, a partir del cual no es posible avanzar más en la vía de la abstracción –de la «elasticidad», como diría Giovanni Sartori– de los vínculos sobre los que se construye la comunidad política, ha impedido además comprender la naturaleza de los ataques que han sufrido a lo largo del siglo XX. En este sentido, tuvo que morir Stalin y reconocer sus crímenes el propio Partido Comunista para que buena parte de la mejor inteligencia europea y mundial descubriera que la Unión Soviética había perpetrado un descomunal ataque contra la tolerancia, equivalente por su dimensión al llevado a cabo por Hitler y el nazismo. El procedimiento seguido por el estalinismo para asfixiar la autonomía de los individuos fue el de hipertrofiar la esfera pública en detrimento de la privada, fue el de convertir el concepto de ciudadanía en negación del liberalismo. Bajo el gobierno del terror instaurado por Stalin, no existía un equilibrio entre aquello que igualaba a los individuos y aquello en lo que libremente podían disentir sin poner en riesgo su pertenencia a la comunidad política: toda acción de los individuos en la esfera privada tenía trascendencia en la esfera pública, razón por la cual el poder se consideraba legitimado para dictar normas sobre la manera de vestir o sobre las preferencias sexuales, sobre las tendencias artísticas o sobre la distribución interior de las viviendas en función del tamaño de las familias, sobre los gustos gastronómicos o sobre las necesidades de la producción agrícola. En correspondencia con ello, el derecho penal –uno de los índices más representativos para conocer la naturaleza de cualquier poder– no se aplicaba en virtud de las acciones sino en virtud de las creencias, se tradujeran o no en comportamientos atentatorios contra el orden soviético.

Por necesidades de la representación iconográfica de la historia, los jóvenes berlineses demoliendo el muro que había dividido durante cuatro décadas su ciudad acabó simbolizando el final de la pesadilla comunista, cuyo último episodio encarnaría en la imagen de Yeltsin encaramado a un tanque frente al edificio del parlamento en Moscú. Desde luego, la desbordante alegría por el hecho de que la mitad de Europa hubiese logrado sacudirse el yugo de la intolerancia contribuyó a que muy pocos advirtieran –Octavio Paz señaló que el error en las respuestas no implicaba que las preguntas fueran falsas– que otros peligros se avecinaban por el horizonte, tan graves como los que acababan de ser conjurados. Pero junto a la alegría, hubo quizá otro motivo que hizo que en la década de los noventa no se advirtiera la nueva agresión a la tolerancia que se empezaba a fraguar entonces. El sentido crítico pareció abotargarse de nuevo y, amparándose en ello, la retórica de la nueva era y del nuevo comienzo se apoderó del discurso político e intelectual desde finales del siglo xx. A diferencia de las ocasiones anteriores, ahora no eran las leyes de Dios ni las de la historia las que empujaban en una dirección, y sólo en una, haciendo irrelevante la voluntad de los individuos. Ahora eran las leyes de la economía las que gobernaban el mundo.

Si la agresión a la tolerancia perpetrada desde el comunismo soviético se concretó en una hipertrofia de la esfera pública en detrimento de la privada, la nueva agresión siguió el camino inverso: hipertrofió la esfera privada en detrimento de la pública, convirtiendo a su vez el concepto de liberalismo en negación del de ciudadanía. Es esta negación, simétrica de la llevada a cabo por el comunismo soviético, la que mejor resume la actitud del discurso «neoliberal», construido sobre una burda manipulación del pensamiento de los autores clásicos de la tolerancia, desde Castellio a Popper, desde Locke a Hayek, desde Voltaire a Berlin. Si en algo coinciden todos ellos –y con ellos, otros escritores como Ibn Jaldún o León el Africano– es en subrayar la radical libertad del ser humano frente a las fuerzas abstractas que él mismo configura y a las que, convertidas en mitos, termina por acomodar sus acciones. Con ello incurre en la tautología de sostener que, puesto que la realidad parece confirmar las leyes que cree haber descubierto, la realidad debe de estar provista de un sentido que es posible hallar y al que es conveniente acomodarse. De este modo recomienza el círculo infernal que convierte el sufrimiento en sacrificio y a las víctimas en mártires, que al principio justifica la muerte y la devastación en virtud de la necesidad de alcanzar la meta, pero que, llegado el punto en el que la muerte y la devastación son el único fruto, es la meta la que empieza a justificarse en la destrucción y la sangre ya derramada.

¿Cuánto hay de nuevo en cualquier periodo de la historia y cuánto puede considerarse mera continuidad o reminiscencia de épocas anteriores? En realidad, esta pregunta se puede responder de dos maneras. Una, poniendo tanta atención en lo accesorio que, al final, la retórica de la nueva era y del nuevo comienzo nos arrastre a su círculo infernal. Otra, manteniendo alerta el sentido crítico para que, ante las indudables novedades que presenta cada época, no perpetremos en su nombre las mismas agresiones a la tolerancia que se han perpetrado en tantas ocasiones. A juzgar por el discurso político e intelectual con que se ha acogido el siglo XXI, nada nos asegura que se haya optado por esta segunda respuesta y no por la primera.

5

La peor forma del oscurantismo moderno

De manera soterrada y no siempre consciente, gran parte del debate ideológico de nuestro tiempo obedece al propósito de destruir la herencia liberal. A partir de la caída del muro de Berlín y el final del experimento soviético, se impuso la convicción de que las diferencias entre derecha e izquierda habían sido borradas. Intentos como los de Norberto Bobbio o Eric Hobsbawm por mantener la frontera entre unos partidos y otros, entre unas políticas y otras, fueron acogidos como manifestaciones nostálgicas de viejas glorias intelectuales, vinculadas al que hasta entonces se había considerado como el campo progresista. Si se quería reflexionar con propiedad sobre los acontecimientos más recientes había que empezar por reconocer que, terminada la guerra fría, el progreso constituía una aspiración que recorría la totalidad del espectro político: la voluntad de ponerse en marcha hacia una sociedad mejor no era ya patrimonio de la izquierda, y ése era el prejuicio en el que incurrían Bobbio y Hobsbawm a juzgar por las críticas que recibieron desde el campo conservador. De algún modo, éste encontró en la adopción de la idea de progreso una sólida plataforma para criticar a la izquierda y reclamar de paso una oportunidad para sus proyectos: al fin y al cabo, las recetas del marxismo se acababan de saldar con un estrepitoso fracaso.

Desde esta perspectiva, la primera operación de las corrientes conservadoras para adoptar la idea de progreso fue la de asociar a la socialdemocracia con el descalabro del experimento comunista –en sentido contrario, también los comunistas habían asociado a las corrientes conservadoras con el fascismo y el nazismo–, olvidando, por una parte, que la economía de Keynes no era en absoluto la de Marx y, por otra, que ellos mismos, los conservadores, habían desempeñado a través de la democracia cristiana un papel destacado en la formulación de la ortodoxia económica de la posguerra, opuesta a la del bloque soviético. El pasado se releyó en virtud de las necesidades del presente, estableciendo retrospectivamente insalvables diferencias entre un modelo económico norteamericano y otro europeo. Aquél se empezó a caracterizar como un capitalismo –el término, rehabilitado, evocaba ahora los ecos del triunfo sobre los pronósticos de Marx– que no había cedido a los cantos de sirena de la intervención del Estado, mientras que, por su parte, el modelo europeo derivaba de una falta de fe en la mano invisible, o, al menos, de una actitud excesivamente componedora durante los momentos difíciles de la confrontación. De ahí –razonaban los conservadores– la dimensión de los Estados europeos y de sus sistemas fiscales, presentados como los causantes de un círculo vicioso entre gastos e ingresos públicos profundamente perturbador para la economía y del que las sociedades no habrían extraído beneficio alguno.

Se trataba, en efecto, de una relectura, de una reinterpretación: el keynesianismo que inspiró el crecimiento del sector público en la Europa democrática fue concebido originalmente para Estados Unidos, aplicado en primer lugar allí y después, sólo después, injertado en las economías europeas a través del Plan Marshall, en realidad una proyección del New Deal a los problemas derivados de la reconstrucción del Viejo Continente. Tan sólo haciendo abstracción de que fue en los años ochenta, y no antes, cuando la Escuela de Chicago formuló una alternativa frontal al keynesianismo, y que esa alternativa empezó a ser adoptada por los gobiernos conservadores de Thatcher y de Reagan, se puede sostener lo que se viene sosteniendo desde hace más de una década como si se tratase de una verdad intemporal: la existencia de un modelo económico norteamericano opuesto al europeo.

Los intentos de retrotraer esa distinción más allá de lo que permite la evidencia histórica no son ingenuos, sino que obedecerían al objetivo de definir la figura del vencedor en la guerra fría. Admitir que el modelo norteamericano fue alguna vez keynesiano, como lo fue sin duda el europeo, equivale a admitir que pudo ser el keynesianismo, y no un capitalismo en estado puro, el que derrotó al sistema soviético. Una versión preferida por la relectura, la reinterpretación neoliberal, pero que la evidencia histórica no avala. Descontando la parte que correspondió al equilibrio militar en la contención del comunismo, lo cierto es que los gobiernos europeos, keynesianos, lograron mantener a sus sociedades alejadas de la tentación totalitaria. Y ello pese al inmenso y paradójico prestigio de que gozaba entre los principales intelectuales de la época, con nombres tan representativos como Sartre o Merleau-Ponty a la cabeza. El descrédito en que éstos han caído en nuestros días –merecido al menos en lo que respecta a sus posiciones políticas– ha permitido la recuperación de escritores liberales sepultados bajo la marea ideológica de la izquierda comunista, que anegó buena parte de la segunda mitad del siglo xx.

Son estos escritores que mantuvieron actitudes contracorriente en los años decisivos de la guerra fría –escritores como Hayek, Popper o Berlin– los que hoy se invocan para avalar en última instancia el proyecto con el que los partidos hasta ahora ubicados en la derecha y en el conservadurismo han hecho suya la consigna del progreso y de la sociedad mejor: la globalización. En apenas unos años, el uso de este término se ha introducido de tal manera en el discurso público que es difícil encontrar una parcela de la actividad humana a la que no se aplique, al punto de que la persecución judicial de Pinochet sirvió para constatar la «globalización de la justicia» y los atentados del 11 de septiembre contra las Torres Gemelas y el Pentágono para certificar la «globalización del terror». La fuerza de esta representación ideológica ha llegado a ser tan irresistible que, en el primero de estos casos, se perdió de vista que se trataba de un proceso entablado por un juez español decidido a hacer justicia a treinta y cinco víctimas españolas, utilizando para ello los mecanismos de la cooperación judicial entre Estados.

Lo que, por su parte, quedó oscurecido en el caso de los atentados del 11 de septiembre es que los asesinos que actuaron en Nueva York y Washington no representaban a nadie más que a sí mismos. Su reivindicación del islam o de las causas palestina o iraquí no les convertía automáticamente en sus portavoces. Antes al contrario, lo que su gesto criminal parecía demandar era el reconocimiento de esa condición por parte de los musulmanes y de quienes padecen los efectos de la ocupación israelí y del embargo internacional contra Irak, no alegando para ello otro argumento que la magnitud del sacrificio que estaban dispuestos a ofrecer y la dimensión del daño que estaban en condiciones de infligir. De ahí que, desde el primer momento, numerosos observadores coincidiesen en señalar que constituiría un gravísimo error cualquier respuesta a los atentados que avanzase en la línea de reconocer que, en efecto, Muhammad Atta y sus cómplices eran portavoces de causas más amplias, y no ejecutores de un proyecto de poder que no trascendía del estrecho círculo de la organización terrorista a la que pertenecían.

Pero la fuerza de la actual representación ideológica,

del mundo como escenario de una globalización inevitable, presionó en sentido contrario, y parece seguir haciéndolo todavía. Para empezar, reaparecieron las explicaciones que se apoyaban en conceptos escolásticos –guerra de los pobres contra los ricos, de la Edad Media contra la Modernidad–, y cuyo sentido último era la obsesión por identificar a un enemigo en proporción con la devastación causada. Entre todas estas explicaciones que se apoyaban en conceptos formulados en función de la lógica interna del discurso y no de la observación de la realidad se terminó imponiendo la del choque de civilizaciones. Sin duda, la tentación de reconocer a los terroristas la condición que ellos pretendían, la de portavoces de un islam en guerra con Occidente, pesaba demasiado sobre las conciencias. Pero, además, la interpretación de los atentados como expresión del choque de civilizaciones reforzaba una idea crucial en la configuración del mundo posterior a la guerra fría: la de que, nos guste o no, la globalización está trastocando todos los ámbitos de la realidad, de donde inevitablemente se deduce la necesidad de nuevos instrumentos de acción.

Este razonamiento es el que, tras los atentados, llevó a no pocos analistas a lamentar el retraso en el establecimiento del Tribunal Penal Internacional, ya que, a su juicio, ésa sería la instancia adecuada para juzgar a los responsables de la matanza del 11 de septiembre. Y, sin embargo, ¿basta que declaremos que el mundo se ha globalizado para que los terroristas no puedan o no deban ser juzgados de acuerdo con las leyes penales del país en el que cometen sus fechorías?, ¿qué dificultades a la hora de castigar a los responsables de los atentados de las Torres Gemelas y el Pentágono resolvería la existencia de un Tribunal Penal Internacional?, ¿no será que, como ha ocurrido en tantas otras ocasiones a lo largo de la historia, también ahora se pretende que el órgano cree la necesidad, y no al contrario, con lo que la política adquiere ese aire de beatífica pero abstrusa Acción Paralela, similar a la que anima a los personajes de la genial novela de Musil?

Ése es, desde luego, el aire que impregna buena parte de los análisis actuales acerca de la realidad internacional, en particular los que tratan de explicar la extraordinaria proliferación de conflictos civiles a través de la globalización. A diferencia de lo que ocurría con la justicia o el terror, no es frecuente encontrar en este ámbito expresiones acerca de la «globalización de la guerra», cuando, a decir verdad, constituye uno de los fenómenos más extendidos desde el final del mundo bipolar. En este caso se prefiere hablar de «nuevas guerras» o de «guerra del siglo XXI» para designar unos conflictos que, ni en sus objetivos ni en su desarrollo, difieren de otras guerras del pasado. En este sentido, el mecanismo ideológico que permite considerar inéditos en la historia los fenómenos de violencia que se producen en nuestros días parte de un equívoco: el de denominar «guerra clásica» a la guerra entre Estados. Pero resulta que los Estados que han conducido guerras tienen apenas doscientos años –y muchos menos las leyes por las que se ha intentado regular hasta ahora el comportamiento de los contendientes–, de donde se desprende que lo que supuso una novedad en la historia fueron las «guerras clásicas», en tanto que las «nuevas guerras» o la «guerra del siglo XXI» no son más que una reedición del tipo de conflicto habitual antes de que los Estados existieran.

Resulta sorprendente comprobar que los análisis de Michael Ignatieff y de Mary Kaldor resultan más útiles si se emplean para explicar las guerras de religión en la Europa del XVII, o el fenómeno del corso en el Mediterráneo, que si se recurre a ellos para desentrañar las razones que empujan a unos grupos contra otros en Liberia, Ruanda,

Argelia o la antigua Yugoslavia. La razón es que tanto Ignatieff como Kaldor describen con extraordinaria precisión los mecanismos a través de los cuales se construye la figura del enemigo, así como la espiral que conduce desde las acciones aisladas de los fanáticos hasta la generalización del conflicto y la implicación de poblaciones enteras. A partir del momento en que dan por descontado que estos fenómenos son producto de la globalización, sus respectivas reflexiones pierden fuerza, ya que se instalan con inesperada docilidad sobre los raíles de la ortodoxia.

Una ortodoxia que, fiel a la retórica de la nueva era y del nuevo comienzo, constata el auge de las identidades culturales como si se tratase de una realidad sobrevenida nada más cruzar una hipotética raya en el tiempo, y no el resultado de una persistente labor de zapa que conduce a cambiar el sentido del término cultura y a transformar el entramado institucional del Estado, de manera que aquélla empieza a ocupar el lugar de éste. En lugar de analizar los datos relevantes en este recorrido, las imperceptibles transformaciones que han provocado que la noción de ciudadanía acabe dejando paso a la de identidad –desmantelamiento de los sistemas de bienestar como elemento de cohesión, potenciación de las instancias locales de poder, quiebras en la aplicación general de la ley–, se recurre a un expediente psicológico: señalar que es el miedo a la globalización, a su gigantismo uniformizador, lo que provoca el repliegue de las comunidades sobre sus valores primarios o sobre sus esencias.

Una vez más, ese supuesto miedo a la globalización es un concepto escolástico, derivado de la lógica del discurso y no de la observación de la realidad. ¿Puede alguien tomar en serio que lo que llevó a los hutus a reivindicarse en tanto que hutus, y a los tutsis en tanto que tutsis, fue la vertiginosa velocidad y amplitud de los intercambios comerciales y financieros a lo largo y ancho del planeta? Ha tenido que ser, precisamente, uno de los más penetrantes reporteros de nuestra época, Richard Kapuscinsky –cuyo trabajo se sitúa en la estela de grandes viajeros como Ibn Battuta, León el Africano o Richard Burton–, quien recuerde la importancia decisiva que tuvo en la tragedia de Ruanda la corrosiva labor de la Universidad de Kigali al dirigir sus investigaciones «científicas» hacia la creación de mitos identitarios, la irresponsabilidad incendiaria de la Radio de las Mil Colinas al propagar el odio que alentaban esos mismos mitos y, finalmente, la ocupación de un Estado desfalleciente por parte de unos líderes decididos a hacer de lo que empezó siendo una fantasía universitaria –un truculento relato sobre hutus originarios y tutsis invasores– la clave de un programa de gobierno. Bajo la mirada de Kapuscinsky, lo ancestral se vuelve político y, por consiguiente, el repliegue hacia los valores primarios y las esencias dictado por un supuesto miedo a la globalización aparece como lo que es en realidad: una manifestación de intolerancia y autoritarismo. Si en vez de Ruanda se hablase de Liberia, Argelia o la antigua Yugoslavia, la conclusión sería la misma. El papel de la Universidad de Kigali lo desempeñaron los memoriones locales, los ulemas o la Academia de Ciencias de Belgrado; por su parte, otras radios con otros nombres distintos cumplieron idéntica tarea que la de las Mil Colinas; finalmente, otros dirigentes iguales a los dirigentes ruandeses actuaron para mantener viva una llama que reverenciaban como milenaria y que, sin embargo, ellos mismos habían encendido.

Con todo, el debate político e intelectual acerca de los efectos de la globalización –unos efectos que, a lo que parece, no dejan a salvo ninguna esfera de la actividad humana, desde la justicia y el terrorismo hasta la cultura y la guerra– está sirviendo para ocultar otro quizá más decisivo: el debate acerca de qué es la globalización. Decenas de artículos y ensayos se han publicado a lo largo de la última década y, por lo general, todos proceden de manera semejante: pasar de puntillas sobre la definición, extendiéndose, por el contrario, en la descripción de los prodigios de las nuevas tecnologías y sus consecuencias sobre la vida del siglo XXI. En realidad, esta desproporción en el acento con el que se aborda un aspecto y otro no es neutro desde el punto de vista ideológico. En primer lugar, contribuye a generalizar la sensación de que, ahora también, vivimos «la más alta ocasión que vieron los siglos», de la que deriva la retórica de la nueva era y del nuevo comienzo.

Pero, en segundo lugar, consigue avanzar subrepticiamente en la misma dirección en la que lo han hecho todos los proyectos intolerantes y autoritarios a lo largo de la historia: la de convencer a los individuos de que el sentido se encuentra implícito en la naturaleza y en las cosas, de manera que la voluntad humana es irrelevante. Si se pliega a lo que le viene dictado desde fuera, acertará. Incluso podrá contribuir a «acortar los dolores del parto», como sostenía Marx en relación con la sociedad sin clases. Pero si se opone, habrá de arrostrar las consecuencias de una disidencia que, puesto que se arranca de la premisa de que el sentido está implícito en la naturaleza y en las cosas, no puede ser disidencia sino error. Locos, ciegos, melancólicos, visionarios, profetas, asociales, contrarrevolucionarios, rancios progresistas: la variedad de denominaciones con las que se despacha a quienes no renuncian a distinguir entre la realidad y su sentido obedece no a la pluralidad de motivos en la que fundan su resistencia, sino al hecho inquietante de que está triunfando de nuevo la fatídica convicción de Heráclito. En el mundo de hoy, igual que en el de ayer, la verdad vuelve a ser una y el error, múltiple.

Partiendo de la exaltación de los avances tecnológicos, tan evocadora de la actitud estética de los futuristas italianos, se consigue transferir la responsabilidad de las propias decisiones a una instancia impersonal e inapelable. A continuación, esa instancia impersonal e inapelable se solidifica, une indisolublemente realidad y sentido, causas y efectos, medios y fines, hasta acabar convirtiéndose en un hecho cuyo aspecto informe, de perfiles tan amplios como imprecisos, permite fundar una especie de racionalidad de segundo grado, para la que describir lo que está pasando implica ya ponerse en marcha hacia lo que se quiere que pase. Esto es en el fondo lo que sucede en cada ocasión en la que se repite que la globalización es un hecho. Bajo el paraguas de esta afirmación se coloca una heterogénea variedad de fenómenos, que incluye desde el desarrollo de las redes informáticas hasta la multiplicación de los restaurantes de comida basura, desde el volumen y la velocidad de los flujos financieros hasta el resurgir del fundamentalismo religioso. La extraordinaria capacidad de la globalización para, siendo sencillamente un hecho, abarcar todo cuanto ocurre en nuestros días puede explicarse, desde luego, reconociéndole un poder transformador sin parangón en la historia de la humanidad, y así lo hace la actual ortodoxia.

Pero puede explicarse también a través de otro razonamiento: en realidad, si la fuerza de la globalización nos parece tan descomunal es porque estamos anotando en su haber cualquier fenómeno o acontecimiento que haya tenido lugar tras esa raya en el tiempo que hemos convenido en considerar como la marca de la nueva era y del nuevo comienzo. De ahí que nuestra actitud hacia la globalización sea semejante a la de los creyentes en cualquier divinidad creadora del mundo, que es tanto como decir creadora del inicio. Si algo bueno les sucede, le dan gracias. Pero si lo que les sucede es malo, le siguen dando gracias de cualquier manera, porque ella es el origen y nada pueden los hombres en su contra. Referido a la globalización, este fatalismo religioso se transforma en la afirmación, no por insustancial menos repetida, de que los cambios que vivimos entrañan tantas oportunidades como riesgos. Cuando en ocasiones nos preguntamos cómo los profetas de la Antigüedad podían mantenerse fieles a un Dios que les ordenaba sacrificios monstruosos, la respuesta se puede encontrar en quienes, enfrentados a centenares de personas de pronto sin empleo, a los cadáveres de los inmigrantes en las playas o a las ruinas de las Torres Gemelas y el Pentágono, se limitan a extender el círculo de los efectos de la globalización. Aquellos profetas no vieron a su dios, pero creían que el cielo y la tierra, los árboles y los seres, y hasta la vida y la muerte, eran la prueba incontrovertible de su existencia, porque desde el momento en que había un principio, *tenía* que haber alguien que los hubiera creado. Los teóricos de la globalización tampoco han tenido la fortuna de contemplar la deidad a la que responsabilizan de la suerte colectiva, tan inabarcables resultan sus perfiles, pero creen, como los profetas, que todo cuanto viene sucediendo desde el fin de la guerra fría *tiene* que ser obra suya.

Desde luego, nadie puede negar que los avances tecnológicos de las últimas décadas resultan portentosos. Ahora bien, lo que debería ser contestado es que esos avances lleven implícito ningún sentido, que nos obliguen a marchar en una u otra dirección. Los conservadores no lo han hecho, porque la globalización es la receta con la que han incorporado a su programa la noción de progreso, a la que permanecieron ajenos hasta fecha reciente. Tampoco los socialdemócratas, cuya preocupación por disociarse del fracaso del marxismo les ha forzado a aceptar las ideas y presupuestos de la globalización, convencidos de que comparten con los conservadores un análisis cuando en realidad están compartiendo un programa. De este modo, las aguas se han cerrado sobre nuestras cabezas, sumergiéndonos en un mundo en el que los individuos están obligados a marchar como sonámbulos, arrastrados por fuerzas que ellos crearon pero que, según se dice, ya no pueden controlar. La insensata incorporación de la socialdemocracia a este proyecto conservador hace que la crítica más certera a la globalización no proceda de los clásicos de la izquierda, y menos aún de las liviandades de la Tercera Vía. La crítica más certera procede de aquellos escritores que, a diferencia de Sartre, Merleau-Ponty y otros destacados intelectuales del siglo XX, mantuvieron actitudes contracorriente en los años decisivos de la guerra fría, oponiéndose en nombre de la libertad a la idea de planificación económica.

Frente a ésta, Friedrich von Hayek sostenía que «lo importante es saber si este proceso es una consecuencia necesaria del progreso de la tecnología», como afirmaban los economistas de su tiempo, o si se trataba, por el contrario, «del resultado de la política seguida en casi todos los países». Y añadía: «se cultiva deliberadamente el mito de que nos vemos embarcados en la nueva dirección, no por nuestra propia voluntad, sino por los cambios tecnológicos». Y más aún: «los parlamentos comienzan a ser mirados como ineficaces tertulias, incapaces de realizar las tareas para las que fueron convocados. Crece el convencimiento de que [...] la dirección (de la economía) tiene que quedar fuera de la política y colocarse en manos de expertos».[8] Por otra parte, Hayek cuestionaba la confianza –tan extendida entonces y tan brutalmente desmentida después– de que la economía planificada había de conducir a niveles nunca igualados de prosperidad

8.   Friedrich von Hayek, *Camino de servidumbre*, Alianza, Madrid, 1995, págs. 73, 72 y 93 respectivamente.

102

y bienestar para los ciudadanos. En su opinión, la planificación debía «su fuerza presente al hecho de no ser todavía, en lo fundamental, más que una aspiración, por lo cual une a casi todos los idealistas de un solo objetivo, a todos los hombres y mujeres que han entregado su vida a una sola preocupación». La fe de esa gente en las virtudes de la economía planificada, aclaraba Hayek, no era «el resultado de una visión amplia de la sociedad, sino más bien de una visión muy limitada, y a menudo el resultado de una gran exageración de la importancia de los fines que ellos colocan en primer lugar».[9] De ahí que su época asistiese, concluía Hayek, a «uno de los más tristes espectáculos» posibles, como era «ver a un gran movimiento democrático favoreciendo una política que tiene que conducir a la destrucción de la democracia y que, mientras tanto, sólo puede beneficiar a una minoría».[10]

Por lo que respecta a Popper, las reflexiones contenidas en *La sociedad abierta y sus enemigos* están dotadas de la misma ambivalencia, de la misma perturbadora intemporalidad, que las de Hayek, de manera que, como las de éste, también parecen referirse a la globalización y, sin embargo, es la planificación lo que está en su punto de mira. En este sentido, cuando Popper destaca como una de las características más perniciosas del pensamiento totalitario «la atribución de una importancia excesiva al cambio, junto con la creencia complementaria en una ley del destino inexorable e inmutable»,[11] ¿acaso no parece referirse como Hayek a los «idealistas de un solo objetivo», cuyas voces vuelven a resonar con nitidez en la ortodoxia de nuestro tiempo? Y cuando, alarmado por el prestigio de que gozaba la planificación econó-

9. *Ibíd.*, pág. 85.
10. *Ibíd.*, pág. 240.
11. Karl Popper, *La sociedad abierta y sus enemigos*, Planeta, Barcelona, 1992, pág. 28.

mica, Popper se rebela contra el «prejuicio profundamente arraigado de que la única alternativa frente al *laissez-faire* es la responsabilidad total del Estado»,[12] ¿acaso su argumento no sirve en la dirección opuesta, de modo que tampoco la responsabilidad total del Estado debería ser sustituida por el *laissez-faire?* «La libertad económica ilimitada –insiste Popper algunas páginas después– puede resultar tan injusta como la libertad física ilimitada, pudiendo llegar a ser el poderío económico casi tan peligroso como la violencia física.»[13] Y, por si aún quedaran dudas acerca de la libertad que reivindica frente a los dictados de una planificación que se consideraba inevitable, tan inevitable como la globalización, concluye:

> «No podremos culpar a nadie ni vociferar contra los siniestros demonios económicos que se mueven arteramente entre bambalinas. En efecto, somos nosotros, en la democracia, quienes tenemos la llave para mantener a buen recaudo a estos demonios. Los debemos domar y debemos comprender que somos capaces de ello; debemos utilizar la llave; debemos construir instituciones para el control democrático del poder económico y para nuestra protección contra la explotación económica».[14]

Al igual que las de Hayek y Popper, la crítica de Isaiah Berlin a la ortodoxia de su tiempo pasaba por desmentir la creencia de que «la sociedad humana avanzaba en una dirección que podía ser descubierta, que estaba gobernada por leyes». Con este propósito, ironiza acerca de una metáfora común a diversas épocas, y por supuesto a la nuestra, que compara el movimiento de la sociedad

<hr>

12. *Ibíd.*, pág. 134.
13. *Ibíd.*, pág. 306.
14. *Ibíd.*, pág. 309.

con el de un reloj que no puede volver atrás. «Y si las cosas estuviesen menos determinadas de lo que parecía –se pregunta Berlin–, ¿entonces no comenzarían a perder su fuerza expresiones como "anacronismo", la "lógica de los hechos" y otras del mismo tenor?»[15] Aunque a través de la peculiar manera en que suele ofrecer sus respuestas –desgranándolas tímidamente en los márgenes del razonamiento, no afirmándolas en lugar destacado–, Berlin daba por descontado que sí, que tales expresiones perderían su poder encantatorio con tan sólo poner en entredicho la metáfora del reloj y todas sus variantes: trenes que pasan, pelotones con su cabeza y su cola, puentes que cruzan sobre los abismos. A partir de ese instante, podríamos advertir lo que se esconde tras ellas, y que no es otra cosa que «una de las mayores y más fatales falacias de los grandes constructores de sistemas del siglo XIX –hegelianos, comptistas y, sobre todo, las diversas sectas del marxismo–»: la falacia de «suponer que si calificamos algo de inevitable ello presupone la existencia de una ley».[16] Para Berlin, lo mismo que para Hayek y Popper, no existen leyes que determinen el futuro y, por tanto, la disidencia hacia la ortodoxia imperante en una época no puede equipararse automáticamente al error. De hecho, en oposición a las corrientes de pensamiento dominantes en el siglo XX, Berlin escribe:

> «Cualquier intento de reprimir a los filósofos, de reemplazar sus respuestas tentativas por soluciones finales, de silenciarlos o de canalizar su pensamiento a través de pautas preestablecidas en nombre de algún valor perenne o de un esquema fijo de cosas es signo seguro de que la humanidad está a punto de

15. Isaiah Berlin, *The sense of reality*, Farrar, Straus and Giroux, Nueva York, 1998, págs. 9-12.
16. *Ibíd.*, pág. 37.

ser sacrificada en el altar de algún dogma, de alguna creencia falsa en una última salvación. Por ello, la actividad filosófica –una búsqueda perpetua de respuestas nuevas en nuevas situaciones, que nace del reconocimiento de que tales situaciones humanas están perpetuamente evolucionando y de que el presente no puede subordinarse al pasado ni al futuro– está tan íntimamente ligada a la existencia de un mínimo espacio de libertad civil en el cual un individuo puede pensar y hacer lo que le plazca, precisamente porque le place».[17]

Las abrumadoras y sorprendentes coincidencias entre el panorama que describen estos autores y el que hoy vivimos deberían constituir un serio motivo de reflexión a derecha e izquierda. Porque, lejos de adentrarnos en un terreno inédito y desconocido, estamos volviendo a explicar el rumbo de la economía en virtud de los avances tecnológicos, no de la voluntad de los gobiernos; estamos volviendo a despreciar, igual que en tiempos de Hayek, Popper y Berlin, las interferencias políticas en las leyes de la racionalidad económica; estamos volviendo a aceptar una «visión muy limitada» de la sociedad, distinta pero equivalente a la de los defensores de la economía planificada. En este sentido, ¿podemos asegurar sin ningún género de dudas que la globalización deriva de una lógica liberal y no de una lógica distinta, que en el fondo la niega y contradice? ¿Bajo la tranquilizadora etiqueta de «neoliberalismo» no se escondería, en realidad, una depreciación del individuo y su autonomía frente a unas fuerzas que se magnifican y se pretenden fuera de cualquier control humano, idéntica a la que denunciaban Hayek, Popper y Berlin? ¿Apelar al neoliberalismo y no,

17. *Ibíd.*, pág. 75.

sin más, al liberalismo, no reproduce implícitamente el esquema de la Edad de Oro, y desde ella el de la regeneración y el renacimiento, que no son más que formas de apropiarse de una herencia expulsando de ella a los adversarios?

Si el equívoco sobre la verdadera naturaleza de la globalización ha podido prosperar y llegar tan lejos es porque, primero, la socialdemocracia parece haber olvidado que el liberalismo es parte sustancial de su herencia ideológica; y segundo, porque el conservadurismo ha aprovechado esa deserción de la socialdemocracia para hacer pasar por una *revisión* del liberalismo lo que no es otra cosa que una nueva agresión a sus principios, perpetrada desde la posición simétrica a la de los partidarios de la plànificación. Esto explicaría la inesperada vigencia que hoy adquiere el pensamiento de Hayek, Popper y Berlin; una vigencia distinta y hasta contradictoria con la que reclaman quienes han hecho de *Camino de servidumbre, La sociedad abierta y sus enemigos* o *El sentido de la realidad* un alegato a favor de la globalización. «Lo realmente necesario –escribía Hayek– es liberarnos de la peor forma del oscurantismo moderno, el que trata de convencernos de que cuanto hemos hecho en el pasado reciente era, o acertado, o inevitable. No podremos ganar sabiduría –sentenció– en tanto no comprendamos que mucho de lo que hicimos fueron verdaderas locuras.»[18]

18.   Hayek, *op. cit.*, pág. 284.

6

¿Un futuro sin estados?

Pierre Bourdieu fue uno de los primeros autores en advertir el carácter utópico de la globalización, destacando las múltiples coincidencias entre la estructura de la promesa comunista y la de los mercados libres mundiales. Como había señalado Hayek en su día respecto a la planificación económica, también la globalización debe «su fuerza presente al hecho de no ser todavía, en lo fundamental, más que una aspiración», lo que suspende en gran medida el juicio acerca de sus resultados, concentrándolo, en cambio, sobre sus propósitos. Por otra parte, la insistencia en la responsabilidad de los avances tecnológicos en los cambios que experimentan las sociedades contemporáneas ofrece todavía margen a los teóricos de la globalización –lo mismo que se les ofreció a los de la economía planificada– para ocultar el carácter utópico de su proyecto; para ocultar, incluso, su misma naturaleza de proyecto, disfrazándolo de simple descripción de la realidad. Las sociedades contemporáneas se ven así embarcadas en una dirección que no han escogido y sobre la que no podrán pronunciarse mientras dure el trayecto, y para ello es preciso convencer a sus ciudadanos de que deben inhibir su voluntad, renunciar a los mecanismos representativos de la democracia. ¿Cómo? No mediante un ataque frontal a sus instituciones, no mediante la exigencia de una adhesión explícita a un proyecto intolerante o autoritario. El mismo propósito se logra a través de un mecanismo indirecto, por el que primero se acota un espacio que se declara incompatible con la intervención de las instituciones –presentadas más como un obstáculo que como una garantía para la protección del interés de los individuos– y, a continuación, se justifican en virtud de ese espacio, y sólo de ese espacio, las políticas que más profunda incidencia tienen en la vida cotidiana y las que exigen mayores sacrificios y renuncias.

Llevando el análisis un paso más lejos que Bourdieu, John Gray sostiene, no ya que el proyecto del mercado global es una utopía, sino que se trata, además, de «una utopía que nunca podrá realizarse».[19] Gray basa su afirmación en el hecho de que, frente a la opinión de la actual ortodoxia, los mercados libres no han sido la regla en el pasado, una especie de grado cero de la organización económica sobre el que se cernía la regulación. Antes al contrario, el mercado libre, la base del liberalismo económico, es el resultado de un entramado institucional que posibilita el juego de los intereses individuales, según el mismo esquema con el que opera el liberalismo político. En la medida en la que el «experimento de ingeniería social utopista» que es la globalización aboga por el desmantelamiento de ese entramado institucional, su resultado será necesariamente el opuesto del que proclama. Y concluye Gray: «en esto, como en muchos otros aspectos, se parece a ese otro experimento en ingeniería social utópica del siglo xx, el socialismo marxista. Ambos están convencidos de que el progreso humano debe tener como meta el establecimiento de la civilización única, niegan que una economía moderna pueda existir en muchas variedades, están preparados para pagar un alto precio en términos de sufrimiento de la humanidad a cambio de

19. John Gray, *Falso amanecer*, Paidós, Barcelona, 2000, pág. 13.

imponer al mundo sus propias ideas y ambos han quedado encallados en las necesidades humanas vitales».[20]

En realidad, las coincidencias son más numerosas de las que señala Gray, hasta confirmar una vez más que, pese a la retórica con la que se envuelve, la globalización constituye un nuevo y brutal ataque contra las ideas de ciudadanía y liberalismo, simétrico al perpetrado desde la planificación inspirada por el socialismo marxista. Para empezar, ambos proyectos, ambas utopías, comparten el menosprecio por la política, es decir, por un tipo de actividad desarrollada desde las instituciones y cuyo objetivo no consiste en dictaminar sobre el acierto o el error de los intereses que defienden los individuos, ni sobre su conveniencia o inconveniencia, ni sobre su moralidad o inmoralidad. A diferencia de los tribunales y de las iglesias, la política trata de conciliar mayorías y minorías sobre la base de que unas y otras lo son en virtud de una confrontación desarrollada en igualdad de condiciones, y que puede arrojar resultados diferentes en cada ocasión en que la confrontación se repita. Desde el momento en que la planificación y la globalización se proponen llegar a una meta predeterminada, cuya selección corresponde a las leyes de la historia o de la economía y no a los individuos, la confrontación de intereses carece de sentido, la política se queda sin espacio. Son entonces los tribunales y las iglesias los que deben entrar en acción para distinguir los intereses acertados de los erróneos, los convenientes de los inconvenientes, los morales de los inmorales, utilizando como criterio el de si contribuyen o no al logro del fin que se persigue. Aquéllos serán recompensados, éstos marginados y en su caso reprimidos, puesto que, de llegar a conquistar la mayoría, su fuerza puede subvertir la situación.

20. *Ibíd.*, págs. 295-296.

Como consecuencia de este compartido menosprecio por la política, planificación y globalización vuelven a coincidir en un segundo aspecto: la preocupación por el monopolio del sistema educativo. Si sobre el interés de los individuos se colocan las leyes de la historia o de la economía –de las que se deducen las metas hacia las que la sociedad debe encaminarse–, lograr la colaboración voluntaria de la mayoría se convierte en la estrategia más juiciosa, y de ahí que la escuela se conciba en gran medida como sustituto o antídoto de la represión. Lo que en ella se enseñe debe diferir de la educación humanista, en la que el acento se pone en un conjunto de saberes e instrumentos críticos básicos, sin aplicación ni rentabilidad inmediata. En lugar de ello se prefiere el adoctrinamiento o la instrucción, o ambas cosas a la vez, de manera que los individuos puedan convertirse en buenos «idealistas de una sola idea», y una vez imbuidos de la ley y del fin que ha de regir sus vidas, estén ejercitados en las disciplinas que les permitan prosperar o descender por la única escala que se contempla en la sociedad.

Mientras que en las escuelas de la Unión Soviética se adoctrinaba a los estudiantes en los prodigios de la dialéctica y del materialismo histórico –los dos instrumentos más poderosos para conocer la realidad, según se decía entonces–, la tendencia pedagógica en los tiempos de la globalización es la de promocionar el aprendizaje de los instrumentos informáticos en detrimento de los conocimientos humanísticos, y en general de todo tipo de contenidos. Karl Popper no sólo advirtió la represión –y en el fondo el fracaso– que se esconde detrás de este modo de concebir la educación, al sustituir la exigencia de construir «una nueva sociedad que permita a hombres y mujeres vivir en ella», invocada siempre por los utopistas, «por la exigencia de que "moldeemos" a estos hombres y mujeres para que encajen en su nueva sociedad». Advirtió además –y aquí reside lo llamativo al contemplar el problema con ojos de hoy– que la estrategia de los partidarios de la planificación consistía en reprobar «la actitud retrógrada de sus oponentes», incapaces de comprender que la principal tarea de la educación consiste en «romper los viejos hábitos mentales y encontrar nuevas claves para la comprensión de este mundo cambiante».[21] Es decir, la misma estrategia que adoptan los partidarios de la globalización contra cualquiera que ponga en duda sus pronósticos.

Una tercera coincidencia entre la planificación y la globalización es la actitud hacia el Estado: ambas utopías sostienen su desaparición en la fase final del experimento. Difieren, si acaso, en el reconocimiento explícito de la existencia de un periodo transitorio. Mientras que el marxismo sí lo hace, y no duda en calificar como dictadura del proletariado la hipertrofia de los instrumentos represivos que, dirigidos contra la burguesía que los monopolizó, seguirá inmediatamente al triunfo revolucionario, los teóricos de la globalización parecen caminar en la dirección opuesta. Para ellos, no se percibe en el horizonte ningún híbrido que caracterice el tránsito entre el presente y el futuro. Lo que sucede es que el Estado, y más en concreto el Estado-nación, entra en crisis a raíz de los avances tecnológicos. A partir de ese momento se dejará ir por una pendiente de pérdida de competencias y soberanía hacia arriba y hacia abajo que desembocará en una sociedad-red, cuyo equilibrio será resultado de un juego de suma cero entre los intereses de los individuos, las empresas y las organizaciones de la sociedad civil. Dejando de lado el pequeño detalle de que la sociedad civil sólo se define por oposición al Estado, y de que por

21. Karl Popper, *Miseria del historicismo*, Alianza, Madrid, 1995, págs. 84 y 89.

consiguiente donde éste deja de existir deja necesariamente de existir aquélla, es preciso reconocer que los teóricos de la globalización han demostrado mayor sutileza que los de la planificación a la hora de disfrazar los riesgos del periodo transitorio. En lugar de definirlo, lo han imputado en la cuenta del anterior periodo de la historia, de manera que sean sus nostálgicos los que se vean enfrentados a la pregunta de qué hacer con un artefacto averiado y obsoleto. Los profetas de la nueva era se limitan a levantar acta de lo que «ven» y a ofrecer una panorámica del modelo que se nos viene encima, en el que se hallan contenidas todas las respuestas.

Por lo que respecta a la dictadura del proletariado, la historia de la Unión Soviética demostró que el experimento de ingeniería social utópica que llevó a cabo el marxismo no consiguió que el Estado evolucionase más allá de su fase transitoria. Lejos de encaminarse hacia su extinción, se desarrolló hasta alcanzar una magnitud ciclópea, fagocitando por entero a los individuos y a la sociedad que, de acuerdo con el esquema teórico elaborado por Engels y Lenin, deberían haber tomado su relevo una vez vencidas las últimas resistencias de la burguesía. El balance es concluyente en sentido contrario: siete décadas después de la toma del poder por el proletariado ruso –un proletariado tan nominal como la burguesía con la que había entrado en conflicto–, el «reino de la libertad» se hallaba más lejos que en el momento de iniciarse la andadura revolucionaria. Por eso, cuando Gorbachov se propone reformar unas instituciones creadas bajo el signo de la provisionalidad y el movimiento, pero instaladas en la quietud y la esclerosis, el edificio entero de la fase transitoria se derrumba, porque lo que había hecho el último líder soviético fue reconocer que no existía el punto de llegada, y sin esa legitimación última del sistema, sin esa pieza clave de la estructura ideológica de la utopía, el monstruo y los sacrificios que había exigido durante siete décadas aparecieron de pronto como lo que eran: un monstruo y unos sacrificios tras los que no existía más que una pavorosa inutilidad y un aterrador vacío.

Con independencia de que los teóricos de la globalización hayan conseguido imputar el periodo transitorio a la anterior etapa de la historia, en lugar de asumirlo bajo su responsabilidad como hizo el socialismo marxista, ello no excluye la posibilidad de que la crisis del Estado, y más en concreto del Estado-nación, sea en realidad un estadio de las instituciones condenado a perdurar, igual que sucedió con la dictadura del proletariado. Para empezar, la actual ortodoxia podría estar manipulando las explicaciones acerca del origen y la naturaleza de la crisis, al vincularlas con los avances tecnológicos –una hipótesis sin duda socorrida pero insuficientemente detallada– y no a una decisión política incontrovertible: el consenso de Washington. En él se decide gestionar la política económica desde un doble principio. Por una parte, la reducción del Estado de bienestar, y, por otra, el avance en la desregulación de los flujos financieros y en la liberalización del comercio internacional. Siempre se podría argumentar –y de hecho es lo que se hace– que la realidad sobre la que se articula el consenso está marcada por los avances tecnológicos, pero, en cualquier caso, el simple hecho de que fuera necesario adoptar la doble decisión acerca del Estado y de los flujos implica que el sentido de los cambios no estaba decidido de antemano, que no estaba impreso en la realidad sino que hubo que imprimirlo y, por consiguiente, que los principios políticos adoptados podrían haber sido otros. Asegurar que los cambios tecnológicos son la causa del incremento de los flujos, y éstos a su vez la de la crisis del Estado, es pues una manipulación que trata de releer el pasado de modo que lo que fue un ejercicio de libertad, del que siempre se podría pedir cuentas a sus responsables, aparezca como resultado de la necesidad.

Pero, en segundo lugar, la actual ortodoxia podría estar ocultando la secuencia a través de la cual la decisión de desmantelar el Estado de bienestar –es decir, una fórmula concreta de Estado–, acaba convirtiéndose apenas una década después en crisis del Estado-nación, empleando este término como sinónimo de Estado en general. En el momento del consenso de Washington, se pensaba que el abandono de los sistemas de protección podía argumentarse desde una lógica estrictamente económica: la disminución de la presión fiscal que esta medida conllevaba desencadenaría una reactivación de la actividad que compensaría, por la vía de la creación de empleo y del aumento de la productividad, las diferencias de renta antes paliadas mediante un sistema redistributivo. Dicho en otros términos, la abundancia que generaría una asignación racional de los recursos –al parecer, la asignación keynesiana no era racional– haría irrelevante el debate sobre la igualdad. En cualquier caso, las razones que se alegaban en favor del cambio de paradigma estaban aún referidas al Estado de bienestar, y eran básicamente de naturaleza económica: la inversión de la pirámide de población en los países desarrollados, las necesidades de financiación de las empresas para hacer frente a la revolución tecnológica, incompatibles con el sostenimiento de la presión fiscal, etcétera. Poco después se apuntaron también razones éticas: se empezó a confundir deliberadamente el bienestar con la beneficencia y, a partir de esta confusión, se afirmaba que los individuos debían asumir la responsabilidad por sus propios actos. Se generalizó así la idea de que la pobreza era resultado de la falta de iniciativa individual, animada indirectamente por los sistemas estatales de protección. El programa político que derivaba de estos planteamientos

116

encontró en Margaret Thatcher una figura pionera. En la actualidad, también forma parte del arsenal ideológico de la Tercera Vía, uno de cuyos más destacados representantes, Anthony Giddens, no tiene reparos en sugerir que el desarrollo del Estado de bienestar «puede rastrearse hasta las leyes isabelinas de pobres en Inglaterra»,[22] haciendo abstracción del modelo económico en el que se inserta. Un modelo que impide que las subvenciones por desempleo o vejez se puedan integrar bajo la categoría de limosna, porque, de integrarse, retrotraería los orígenes del Estado de bienestar no hasta el periodo isabelino, sino al menos hasta los Evangelios.

Entre la crisis del Estado de bienestar –predicada precisamente por quienes, como Margaret Thatcher, aplicaban políticas dirigidas a provocarla–, y la crisis del Estado-nación –fórmula de transición encubierta, con la que se inicia la marcha hacia un mundo de mercados globales– tuvo lugar un hecho decisivo: la generalización de las guerras civiles en continentes tan dispares como Asia y América Latina, África y el corazón mismo de Europa. Se mirase donde se mirase, el panorama no variaba: Estados al borde del colapso, acosados por las oscuras fuerzas de una regresión que, por oposición a «la más alta ocasión que vieron los siglos» en la que vivimos instalados, parece casi medieval. Por otra parte, y aunque atenuado por una mayor estabilidad de sus instituciones, los países desarrollados de la Europa occidental empiezan a sufrir idénticas tensiones secesionistas, que ponen en cuestión una unidad muchas veces centenaria. Es entonces, y sólo entonces, cuando comienza a hablarse de crisis del Estado-nación, al tiempo que se buscan sus razones, no en la disolución del concepto de ciudadanía que está

22. Anthony Giddens, *Un mundo desbocado*, Taurus, Madrid, 2000, pág. 37.

provocando el desmantelamiento del Estado de bienestar –es decir, no en la pérdida de cualquier contenido real que pueda asociarse a la condición de miembro de la comunidad política–, sino en la desregulación de los flujos financieros y en la liberalización del comercio internacional. Fiel a esta idea, Giddens sostendrá que «los nacionalismos locales brotan como respuesta a las tendencias globalizadoras, a medida que el peso de los Estados-nación más antiguos disminuye».[23] Así la socialdemocracia convalida un análisis que, en el fondo, ha permitido a la Revolución conservadora tirar la piedra y esconder la mano: no es la aplicación del primer punto del consenso de Washington lo que rasga las costuras de las comunidades políticas al reducir y vaciar de contenido el espacio de la ciudadanía a través del desmantelamiento de los sistemas de bienestar, sin duda un efecto político no previsto por los inspiradores económicos de esta medida; es el segundo punto –la desregulación y la liberalización de los flujos– lo que lo provoca. La ventaja insuperable de esta explicación es que constituye en el fondo una coartada: los avances tecnológicos eximen a los gobiernos de cualquier responsabilidad ante los contratiempos que se produzcan. Contratiempos como, por ejemplo, el incremento de las tensiones secesionistas en el interior de los viejos Estados-nación.

La globalización, aparte de la manipulación que exige en las explicaciones acerca de por qué se produce la crisis y de la secuencia que convierte la crisis del Estado de bienestar en crisis del Estado-nación, no puede dar cuenta de una contradicción que parece consolidarse de día en día: si el deterioro de las viejas instituciones está provocado por unos avances tecnológicos que habrán de llevarnos, lo queramos o no, a un mundo de mercados globales, ¿cómo es posible que el número de esas viejas institucio-

23. Giddens, *ibíd.*, pág. 26.

nes, el número de Estados-nación, se haya incrementado en más de un tercio durante la última década? Y si se sostiene que el incremento del número de los Estados-nación no es incompatible con la globalización de los mercados, ¿por qué ésta no sigue provocando la disolución de los desgajados de otros mayores? Y en el supuesto de que, en efecto, la provocara, ¿a través de qué extraño salto cualitativo, de qué portentosa alquimia, se espera que una sociedad internacional fragmentada en centenares de pequeños Estados-nación se convierta en la pronosticada sociedad-red, donde éstos habrían desaparecido?

Pero no sólo la cantidad, también la naturaleza de los nuevos Estados-nación encuentra difícil acomodo en el análisis de la actual ortodoxia. Así, detrás de cada una de las guerras civiles que sirvieron para diagnosticar la crisis han aparecido siempre Estados que son nación en un sentido más denso, más incontestable, que los predecesores de los que se desgajaron. De este modo, y dentro de la antigua Yugoslavia, Croacia es un Estado-nación más puro de lo que lo era el conjunto al que pertenecía hasta el fin del régimen de Tito. Y lo mismo sucede con Serbia, Eslovenia o, incluso, con territorios autónomos como el de Kosovo, si alguna vez alcanza la independencia. Y otro tanto cabría decir de la República Checa y Eslovaquia, pese al carácter pacífico de su separación. Por otra parte, si las tensiones comunitarias no pudieran ser controladas en Bélgica, Reino Unido, Francia, Italia o España, ¿es de esperar que la implosión de estos viejos países diera lugar a sociedades cosmopolitas, organizadas en redes transfronterizas en las que reinaría la sociedad civil, o, por el contrario, lo que veríamos sería, una vez más, Estados-nación en una acepción étnica más irrespirable que la de sus antecesores?

Un último problema al que se enfrenta el diagnóstico de la crisis del Estado-nación es el de explicar las razones por las que parecen hoy estancarse algunos destacados procesos de integración regional, precisamente en unos momentos en los que, de ser cierto que la soberanía está en declive por haber sido superado el marco estatal en el que se desarrollaba, más deberían avanzar. En este sentido, ¿cómo es posible que se hable de la re-nacionalización del proyecto europeo sin advertir que esta afirmación resulta contradictoria con la afirmación simultánea de que el Estado-nación ha entrado en crisis? ¿No resultaría más lógico suponer que, ante la debilidad de éstos, fueran las instituciones comunes las que adquiriesen mayor protagonismo? ¿O son, por el contrario, las instancias regionales las que están deteniendo la marcha de la Unión? En realidad, la dificultad de fondo a la que se enfrenta la construcción europea reside en que, mientras el proyecto de Monnet daba por descontado el modelo keynesiano, proponiendo un ámbito de intervención europeo en lugar de nacional para unas instituciones por crear, la Revolución conservadora y la asunción de sus presupuestos por parte de las corrientes mayoritarias de la izquierda han enfrentado a la Unión con un obstáculo inesperado y quizá irresoluble: ¿qué sentido tiene transferir competencias estatales a unas nuevas instituciones europeas si, de acuerdo con el paradigma económico en vigor, con la actual ortodoxia, éstas deben ser reducidas a fin de no interferir en las leyes del mercado?

El género de contradicción al que se enfrenta la utopía de los mercados globales recuerda en gran medida la que padeció la Unión Soviética, donde la búsqueda de una sociedad sin clases se saldó con una aberrante proliferación de ellas. De igual manera, y víctimas quizá del mismo sueño que hizo creer a los líderes comunistas que avanzaban en una dirección mientras que todas las señales apuntaban en la dirección contraria, permanecemos hoy perplejos ante el hecho de que, en la marcha hacia un mundo sin fronteras, sean los Estados-nación los que se multipliquen, revistiendo además sus caracteres más odiosos. ¿Puede ser ésta la representación de una crisis? Y si lo es, ¿de qué crisis estamos hablando? Ulrich Beck ha acuñado la expresión de «conceptos zombi» para referirse a la alarmante falta de coincidencia entre las palabras y las cosas que caracteriza a nuestro tiempo. No deja de resultar llamativo que, según Gustav Janouch, también Kafka se quejase en 1920 de que se estuviera «empujando a los conceptos de acá para allá como si fueran una cáscara de nuez vacía». Beck considera que el «concepto zombi», la cáscara de nuez vacía, es el Estado-nación. Pero ¿y si acertando en el análisis, Beck se confundiese en el sujeto? ¿Y si el «concepto zombi» fuera la crisis, y no el Estado-nación?

Esta vía de aproximación permitiría encontrar alguna explicación a la paradoja señalada por John Gray, quien señala que el volumen del sector público se mantuvo sin variaciones apreciables en aquellos países que, como Estados Unidos, más avanzaron en la reducción del Estado de bienestar. Para Gray, la economía política del reaganismo recurrió a «grandes déficits presupuestarios para financiar recortes impositivos y gastos militares», lo que, en efecto, más que una crisis acabó provocando una transformación del Estado, caracterizada por el abandono de las funciones redistributivas en las que se había concentrado durante medio siglo y la adopción de las «más específicamente represoras». Lo que la Revolución conservadora podría no haber previsto es que eran precisamente las funciones redistributivas las que realizaban una mayor contribución a la legitimación del Estado-nación ante sus ciudadanos. El incremento de las funciones represivas –Galbraith se refirió en su día al creciente consenso social en torno a los gastos en Defensa o policía, hoy reforzados por los atentados del 11 de septiembre– provoca, por su parte, una carrera de los ciudadanos por colocarse en espacios seguros, que alejen de ellos cualquier sospecha.

Se trata, en realidad, de una carrera hacia la pureza, en la que la pregunta principal es saber qué debemos hacer para quedar en el lado de los represores y no en el de los reprimidos. De ahí surge, sin duda, una identidad mayoritaria, definida en virtud de esencias y no a partir del reconocimiento de derechos y deberes. Y como reacción a esa identidad mayoritaria, surgen necesariamente las microidentidades, cuyo objetivo político inmediato es el de alcanzar reconocimiento en el seno del Estado a fin de conseguir, ellas también, no estar en el punto de mira de la represión. Por lo general, los ciudadanos organizados en torno a las microidentidades no entienden –no pueden entender– el Estado más que como una instancia a la que dirigir sus reclamaciones; unas reclamaciones cuyo triunfo no consiste –no puede consistir– en otra cosa que en una quiebra del principio de igualdad ante la ley, en una multiplicación de las excepciones y de los privilegios. Y cuanto mayores sean las excepciones que logren las minorías, tanto mayores serán los privilegios que exija la mayoría.

Los riesgos que entraña este proceso desencadenado por el abandono de las funciones redistributivas a favor de las represivas se han tratado de conjurar a través de la solidaridad, que es el valor con el que se ha sustituido el proyecto político de la cohesión. La consecuencia de esta sustitución tiene más calado del que en principio pudiera parecer. Por una parte, da a entender que la premisa de la que se parte a la hora de concebir las diversas políticas es la de que existen grupos estancos, que la mirada que se arroja sobre el conjunto es una mirada que da por descontada la fractura, la división interna, puesto que la solidaridad es un valor que exige la existencia de al menos dos sujetos. En contrapartida, la cohesión responde a un proyecto político que tiene como referente un sujeto único. La fractura, la división interna no se da por descontada, sino que afecta a aspectos específicos que, si son considerados relevantes para mantener la estabilidad del conjunto, deben ser superados y corregidos. Pero, en segundo lugar, la sustitución de la cohesión por la solidaridad desencadena el mecanismo que Popper describe en *La sociedad abierta y sus enemigos*, y es que cuando alguien decide gobernar desde unos valores abre la puerta para que otros intenten gobernar desde los contrarios. Gobernar desde el amor, dice Popper, es admitir que también se puede gobernar desde el odio. Cuando en estos días se asiste a la creciente aparición de movimientos políticos que se fundamentan en el odio, el privilegio y la insolidaridad, quizá deberíamos tomar en consideración dos aspectos. Uno, desde luego, la fragmentación social que está provocando el abandono de las funciones redistributivas del Estado. Otro, el hecho de que, desde los poderes públicos y desde el discurso ideológico dominante, se esté tratando de paliar esa división mediante una apelación a los mejores valores que pueden defender los hombres, en lugar de cumplir con su obligación específica, que es la de fortalecer las instituciones comunes para que sigan siendo comunes.

Es probable que la actual ortodoxia nunca nos conduzca a una sociedad en red. Pero es que, además, falta por saber si una sociedad así sería deseable. La escritora argelina Shelima Gezali señaló en una ocasión que el colapso del Estado argelino como consecuencia de la guerra civil que se desarrolla en su país provocó el que, de hecho, los ciudadanos tuvieran que sobrevivir diariamente en contacto con redes, con diferentes instancias de poder que actuaban o no dependiendo del tipo de iniciativa que pretendiesen tomar. No parece desde luego que este tipo de organización garantice mejor que el Estado aquello que solicitaba Isaiah Berlin, aquel mínimo espacio civil en el que una persona puede decir y hacer lo que le plazca, precisamente porque le place. En este sentido, cabría preguntarse si la sociedad-red que hoy se reverencia no guarda un inquietante parecido con la situación de diversos países africanos, sometidos a la tiranía de los señores de la guerra. También aquí, como en el mundo de los mercados globales, se observa la falta de gobernabilidad, de una ley común para todos. Y también una multiplicidad de asociaciones asimétricas. Un grupo puede cohesionarse en torno a razones tribales, otros en virtud del negocio de la droga, otros en defensa de un territorio, o alrededor del terrorismo islámico. El individuo no puede desarrollarse si no es en el interior de algunas de estas redes, y su esfera de libertad es extraordinariamente reducida, porque faltar a la esencia que define a su propio grupo le deja a la intemperie.

Pero, como señala Gray, esa utopía no llegará a cumplirse a escala planetaria. Lo que entre tanto sí puede cumplirse es que la crisis del Estado no sea, como en el caso de la dictadura del proletariado, una etapa transitoria, sino un estadio que tiende a consolidarse. Un estadio que, en la medida en que acentúa el carácter represivo del Estado; vuelve a colocar la disidencia en el terreno del monopolio de la violencia. Un Estado pensado para la represión es un Estado que conduce inexorablemente a la resistencia. Y precisamente para evitarla tendrá que recurrir a todos los instrumentos conocidos, desde la educación al terror, para evitar que los actuales equilibrios de poder no sean subvertidos. Quizá la deriva autoritaria de los Estados democráticos no deba seguir considerándose como un fenómeno coyuntural. Podríamos estar ante algo más definitivo y monstruoso: ante un nuevo suicidio de la tolerancia, guiado una vez más por los profetas de la nueva era y del nuevo comienzo.

124

7

El giro identitario

Entre los numerosos fenómenos cuyo origen se imputa a los avances tecnológicos y no a la decisión política contenida en el consenso de Washington se encuentra el que, junto a la crisis del Estado-nación, habría marcado nuestro tiempo con una impronta peculiar: la extraordinaria movilidad de los capitales financieros. Tomando la totalidad de las bolsas mundiales por un campo de actuación único e irrenunciable, los gestores de los mayores fondos de inversión procuran diversificar el riesgo de sus operaciones optando por unos mercados nacionales y no por otros, procurando en cualquier caso conservar un sutil equilibrio entre el hecho de no ser los primeros en acudir ante la eventualidad de ser los únicos –lo que supone la imposibilidad de inflar la burbuja financiera–, y el de no ser los últimos en retirarse, lo que equivaldría a la peor de todas las catástrofes: la de asumir los costes de su estallido. A partir de este mecanismo elemental –que no hace sino repetir a escala internacional el de los tradicionales jugadores en bolsa–, y del desarrollo de las comunicaciones a través de redes informáticas, la actual ortodoxia ha puesto en pie el discurso de la interdependencia de las economías. Una interdependencia que, siendo rigurosamente cierta en lo relativo a los mercados financieros –de manera que, en efecto, las variaciones en las bolsas de los principales mercados provocan repercusiones en cadena sobre los mercados secundarios–, resulta, sin embargo, matizada cuando se habla del comercio internacional de bienes y servicios. Desde esta segunda perspectiva, la globalización es un fenómeno cuyos orígenes pueden rastrearse tan atrás como se quiera: algunos autores hablan del siglo XIX, otros del Renacimiento y otros aún de los tiempos del Imperio romano.[24] Todos están rigurosamente en lo cierto: salvo en los periodos de guerra y depresión, la tendencia histórica del comercio internacional ha sido siempre creciente. En consecuencia, apuntar la confirmación de esta tendencia en el haber de la globalización reproduce, una vez más, la actitud de los antiguos profetas, para los que cualquier signo de vida sobre la tierra, e incluso cualquier materia inerte, se convertía en prueba incontrovertible de la existencia de su dios.

La globalización de los mercados financieros y del comercio internacionales no guardan proporción salvo en un mínimo porcentaje: el correspondiente a las transferencias en pago de bienes y servicios y el correspondiente a las inversiones estables en un país distinto del que procede el capital. Vale la pena contemplar a este respecto la evolución experimentada por los análisis acerca de la globalización durante los años noventa, y comprobar que, así como al principio la deslocalización de las empresas ocupaba un lugar destacado, hoy ese concepto ha desaparecido prácticamente de la escena. Los partidarios de los mercados globales han advertido la exigüidad de su volumen en relación con los flujos meramente especulativos, al tiempo que los sindicatos son conscientes de que existen riesgos más cercanos para el empleo. La única voz que parece seguir tomando en cuenta la deslocalización es la de las organizaciones humanitarias que de-

<hr>

24. *Vid.* Gombeaud, Jean-Louis y Maurice Décaillot, *El regreso de la gran depresión*, El Viejo Topo, Barcelona, 2000.

fienden el comercio justo. Y ello no por razones económicas, sino éticas: la deslocalización ha permitido en no pocas ocasiones sortear los estándares laborales vigentes en los países ricos –prohibición del trabajo infantil, limitación de la jornada, derecho a la sindicación y a la huelga, y otros–, facilitando la explotación de los trabajadores de los países pobres. La exigencia de introducir una «cláusula social» en los tratados internacionales de comercio, inspirada por las organizaciones humanitarias y por algunos gobiernos especialmente sensibles a los problemas de la ayuda al desarrollo, se enfrenta con múltiples y poderosos adversarios. Por una parte, las empresas multinacionales, que no desean ver limitada su libertad de actuación. Por otra, los partidarios de los mercados globales, que alegan cuestiones de principio para oponerse a cualquier tipo de reglamentación después de haber logrado desmantelar la que existía. Finalmente, los defensores de mantener las competencias de los Estados, para los que la «cláusula social» no será tan efectiva si se ubica en el plano internacional como si se convierte en exigencia interna de los países receptores de inversión, esto es, si no se vuelve a reconocer la eficacia de los sistemas nacionales de protección y bienestar.

La desregulación de los flujos financieros y el crecimiento del comercio internacional –ambos aspectos colocados tras la pantalla de los avances tecnológicos y no del consenso de Washington– han permitido mantener durante una década la impresión de que, en efecto, la liberalización era el horizonte al que apuntaba la totalidad del panorama económico mundial. De hecho, la hipótesis de Francis Fukuyama sobre el fin de la historia partía de lo que se presentaba como una evidencia: el libre mercado ganaba un imparable terreno, y no había área o sector de la economía internacional que no cediera a su fabuloso empuje. Tasas, fronteras, aranceles: el simple eco de estas palabras evocaba un pasado caduco y enterrado para siempre. Un término como «decomiso» empezó a asociarse con tráficos ilícitos como el de estupefacientes o el de uranio enriquecido, y no como hasta entonces con los bienes protegidos por regulaciones gubernamentales, como automóviles, pequeños electrodomésticos, relojes o tabaco. Incluso las bandas organizadas en torno al contrabando de estos productos se reconvirtieron en mafias de la droga o de agentes químicos y componentes tecnológicos de doble uso, contribuyendo a apuntalar la imagen de que todos, absolutamente todos los mercados eran libres, con la lógica excepción de los relacionados con sustancias cuyo uso estaba restringido por razones sanitarias o de seguridad.

La realidad distaba de ser así, entonces y ahora. Y no sólo porque, pese al consenso de Washington, las barreras arancelarias sigan existiendo para numerosos productos y en numerosos países, incluidos los de la Unión Europea, Japón y Estados Unidos. La razón fundamental por la que la imagen de un mundo en imparable carrera hacia los mercados globales es tan sólo eso, una imagen, reside en que la realidad que refleja es únicamente una parte de la realidad. La otra, la que no se mencionó en el consenso de Washington ni se tiene en cuenta en la mayor parte de los análisis recientes, es la situación del mercado internacional de trabajo. Su evolución ha sido radicalmente opuesta a la del mercado financiero, al punto de que el intervencionismo y la regulación estatales han adoptado una de sus formas más extremas, como es la del control policial. La ausencia de mención a este mercado, cuya evolución desmiente de manera categórica la imparable progresión del libre mercado global, ha llegado a interiorizarse de tal modo en la jerga económica de estos años que un término como «liberalización» tiene un significado distinto dependiendo de aquello a lo que se aplica. Si se habla de flujos financieros, liberalizar equivale a desregular, un modo de proceder que no acepta la tradición económica liberal encarnada por Hayek o Popper, e incluso por Adam Smith. Por lo que se refiere al comercio internacional, liberalizar equivale a establecer un modelo de regulación gestionado por la Organización Mundial de Comercio y dirigido a suprimir las barreras que entorpezcan el tránsito de bienes y servicios entre países diferentes. Por el contrario, ningún experto entiende que liberalizar el mercado de trabajo consista en facilitar el libre tránsito de los trabajadores extranjeros, sino en algo más contundente e inmediato: el despido libre.

Analizando el mapa completo de las condiciones económicas que definen este tiempo se llega a la decepcionante conclusión de que, en realidad, parece el reverso o negativo del que existió durante los años dorados del keynesianismo. Mientras que la apertura del comercio internacional continúa su tendencia creciente, desligada en gran medida del ritmo que imponen los avances tecnológicos, la antigua intervención sobre los flujos financieros se ha trasladado al mercado laboral, antes liberalizado y ahora sometido a una férrea regulación. De esta manera, si en el pasado el tráfico de divisas podía alcanzar la categoría de delito mientras que se trataba con laxitud la llegada de trabajadores extranjeros, en la actualidad éstos son tratados como delincuentes en tanto que los capitales pueden circular sin cortapisas. La importancia de estos contrastes radica, no tanto en la obviedad de que resulta contrario a cualquier lógica que se concedan más derechos a los fondos de inversión que a las personas, como en el hecho de que nos coloca ante un interrogante hasta ahora no abordado con rigor. Si los flujos migratorios también fueron decisivos en los años centrales del siglo XX, ¿por qué se considera que es ahora, y sólo ahora, cuando el fenómeno reviste los caracteres de una marea sin retorno? Y sobre todo, ¿por qué constituye hoy un problema –el problema del siglo XXI, según llega a afirmarse– si hace apenas unas décadas, y pese a la existencia de brotes de racismo y xenofobia, nadie interpretaba la presencia de trabajadores extranjeros como síntoma de un proceso incontrolable?

La explicación con la que suele conformarse la actual ortodoxia se mueve a caballo entre la estadística y la psicología: se empieza por señalar que el número de inmigrantes que llega a los países prósperos es incomparablemente mayor que el de los que implicaron las oleadas de los años veinte en dirección a Estados Unidos, o la de los años cincuenta y sesenta, cuyo destino preferente fueron las grandes potencias europeas. A continuación, se formula una ley de hierro del comportamiento social, consistente en señalar que, no por razones económicas, sino puramente psicológicas, toda comunidad humana lleva inscrito en una especie de genes colectivos un límite en la recepción de extranjeros –el denominado «umbral de tolerancia»– a partir del cual inevitablemente los percibe como un peligro. Por último, se pasa a discutir el porcentaje de inmigrantes en relación con la población autóctona en el que ha de fijarse el umbral de tolerancia, y se constata así que hay sociedades de recepción más abiertas y más cerradas, lo que permite establecer clasificaciones y, desde ellas, fijar políticas de acogida. Una vez más, los ecos de esta aproximación recuerdan los de la escolástica: los conceptos derivan de la lógica del discurso y no de la observación de la realidad, en la que se encuentran sin duda poblaciones autóctonas e inmigrantes, pero no umbrales de tolerancia capaces de determinar, si no queremos, ninguna de nuestras opciones ni ninguno de nuestros actos.

Frente a esta aproximación, paradójica en la medida que considera pragmáticas unas políticas que se fundamentan en entelequias formuladas como leyes de hierro, pocas veces se advierte que la diferencia principal entre la actual oleada migratoria y las anteriores no radica en la cantidad de personas a las que afecta, sino en la existencia o no de proyectos políticos de naturaleza transversal en las sociedades de acogida. La lógica de la igualdad de oportunidades –de la que Estados Unidos hacía todavía bandera a principios del siglo pasado– llevaba a que, al final, resultasen insostenibles las diferencias de raza, lengua, origen, religión, sexo o de cualquier otra índole. Ahí se encuentra el arranque de la lucha por los derechos civiles, que acabó trasvasándose a Europa y que tuvo en las revueltas estudiantiles de 1968 su cima y su punto de inflexión. La lucha por los derechos civiles actuó como un poderoso mecanismo de cohesión, capaz de hacer irrelevantes desde el punto de vista político y social las patentes diferencias entre los individuos; capaz, por eso mismo, de desenmascarar el carácter absurdo y arbitrista de unas políticas de inmigración como las actuales, que en lugar de disolver las diferencias tratan por el contrario de gestionarlas con espíritu entomológico.

Gracias a la lucha por los derechos civiles, que eran derechos individuales, resultaba fácil encontrar a cada lado de cualquier frontera colectiva –blancos y negros, ricos y pobres, hombres y mujeres, nacionales y extranjeros– voces dispuestas a entenderse, a identificar objetivos comunes, puesto que la única división que se consideraba decisiva era la que separaba a los partidarios de la igualdad de los partidarios de la tradición y el privilegio. Es más: la lógica de la igualdad en la que se apoyaba la lucha por los derechos civiles concedía un suplemento de legitimidad a las causas que movilizasen a una mayor diversidad de individuos, que polarizasen a su alrededor una abigarrada combinación de hombres y mujeres sin más rasgo en común que su compromiso. Eran los tiempos en los que la mayoría exigía ampliar sus libertades y las minorías aspiraban a disfrutar de ellas sin restricciones, convertidos en ciudadanos plenos.

Más que la existencia de un quimérico umbral de tolerancia, lo que hace que la diferencia sea hoy un problema y no un suplemento de legitimidad es que la lucha por los derechos civiles se ha deslizado desde el plano individual en el que antes se desarrollaba, hacia un nuevo plano colectivo, en el que predomina el engendro castizo de las identidades. En este sentido, no es la consigna de ampliar la radical libertad del individuo la que ahora moviliza a los habitantes de los países ricos; es el reconocimiento legal de tradiciones y privilegios tan ancestrales como deseen sus inventores, anteponiéndolos a la condición igualitaria de ciudadanos. Los inmigrantes de hoy llegan así a unas sociedades en las que la progresiva deslegitimación del Estado y el adelgazamiento de sus instituciones –fruto de una decisión política que no supo prever sus devastadoras consecuencias– están arruinando gran parte de los triunfos cosechados en la lucha por los derechos civiles. Como señala Tzvetan Todorov, el giro colectivista e identitario operado en Estados Unidos y en Europa queda patente en el hecho de que antes los negros peleaban por viajar en el mismo autobús que los blancos; hoy es su propio autobús lo que reivindican.

Pues bien, éste es el modelo de sociedad que acoge a los actuales inmigrantes, ésta es la coyuntura ideológica en la que la diferencia que encarnan se suma a otras diferencias preexistentes y muchas veces inducidas, como los nacionalismos locales y los integrismos de toda condición. La inmigración contribuye así a acelerar un proceso de fragmentación social ya en marcha, desencadenado por el desmantelamiento de los sistemas de bienestar, por la confusión de las políticas de solidaridad con las políticas de cohesión y por el ambiguo desarrollo de los poderes locales, invocando razones de eficiencia y de proximidad con los administrados para encubrir los auténticos motivos identitarios. La integración, no ya de los inmigrantes, sino de unos grupos autóctonos con otros, de unas comunidades surgidas en contraposición a otras comunidades, se revela de extrema dificultad, porque las iniciativas transversales que debían cumplir una función similar a la de la lucha por los derechos civiles, o han caído en el descrédito, o no logran inspirar la actuación de unas instituciones desfallecientes, cuyo papel resulta no obstante insustituible para garantizar la estabilidad política y social.

Puesto que las sociedades de acogida están inmersas en un debate sobre las identidades –qué es «lo británico», qué es «lo español»–, proyectan sobre la inmigración que llega las categorías de ese debate, provocando al menos una doble consecuencia. Por una parte, refuerzan la idea de que, en efecto, existen culturas diferentes, y unas más diferentes que otras, en lugar de advertir la radical transformación del término «cultura» que se esconde detrás de esa desafortunada afirmación. Esta vía de razonamiento es la que inspira políticas basadas en el prejuicio determinista –en la medida en que atiende más a lo que las personas son que a lo que las personas hacen– de que resulta más fácil integrar a los inmigrantes cristianos que a los musulmanes, a los blancos en una sociedad de blancos que a los negros, a los que hablan la misma lengua del país de acogida que a los que no la hablan. En cada uno de estos juicios, lo que opera es siempre el sobreentendido de cómo nos vemos a nosotros, más que la atención debida a cómo actúan o cómo se comportan ellos. Más la esencia que las obras.

La trampa fatídica que este modo de proceder tiende a nuestras sociedades radica en que, cuantos más inmigrantes recibamos y más diferentes sean entre sí, más características iremos añadiendo al sobreentendido de cómo nos vemos a nosotros. Puesto que hay musulmanes, nos vemos como cristianos; puesto que hay negros, nos vemos como blancos; puesto que hablan múltiples lenguas, la nuestra sólo puede ser una. Si a todo esto hemos de añadir, además, que nos vemos como ricos porque ellos son pobres, y que nos vemos como limpios porque los más desfavorecidos de entre ellos van sucios, y que nos vemos como honrados porque algunos de ellos delinquen, el resultado final es que muy pocos de nosotros acabaremos cumpliendo la infinita variedad de condiciones que exigimos para formar parte de nuestra propia comunidad, porque resulta que entre nosotros también hay musulmanes, y negros, y hablantes de lenguas minoritarias, y pobres, y sucios, y delincuentes. En consecuencia, muchos de nosotros resultaremos excluidos al mismo tiempo que los inmigrantes, lo que desencadenará una espiral identitaria, no ya entre nosotros y ellos, sino entre nosotros mismos, añadiendo así una tensión adicional a las fracturas provocadas por la causa remota de esta deriva en la que nos vemos irremediablemente envueltos: la progresiva deslegitimación del Estado y el adelgazamiento de sus instituciones.

La segunda consecuencia que está desencadenando el hecho de que se proyecten sobre la inmigración las categorías del debate acerca de la identidad es que, al trasladarse al ámbito de la cultura –del concepto romántico de cultura–, se están ocultando los mecanismos económicos que han desencadenado el actual flujo de trabajadores y que, bajo determinadas condiciones, acabarán deteniéndolo. Mientras el comercio internacional siga creciendo y la movilidad de capitales permita que los agentes de la economía real puedan ubicar sus inversiones en los lugares donde los costes salariales sean menores, el mercado internacional de trabajo mantendrá un comportamiento similar al que se contempla en estos días: un flujo migratorio desde los países desfavorecidos hacia los países prósperos. La explicación hay que buscarla en las demandas de la economía real, en concreto en los sectores que por su propia naturaleza no pueden ser deslocalizados, así como en la constelación de pequeñas y medianas empresas sin grandes recursos que, forzadas a competir con multinacionales que pueden realizar sus inversiones en países donde el coste salarial es bajo, no ven otra salida que atraer trabajo barato. La dinámica impuesta por los productores más grandes acabará desplazándolas a medio plazo, pero hasta entonces recurren a una economía sumergida cuya oferta de empleo constituye –a estas alturas mejor sería decir constituía– una pista de aterrizaje idónea para la inmigración ilegal.

A diferencia de estos sectores productivos, cuyo enfrentamiento con las grandes multinacionales se saldó con una derrota relativamente rápida, los sectores que por su propia naturaleza no pueden ser deslocalizados –agricultura, construcción y servicios– constituyen el grueso de la oferta de empleo ilegal, siempre bajo la premisa general de que el trabajo barato debe ser atraído puesto que las inversiones no pueden desplazarse en su busca. Cada vez que se sostiene que la llegada de trabajadores extranjeros a los países ricos será el fenómeno dominante del siglo XXI, y que la oleada que se vive es sólo el preludio de lo que Enzensberger llamó «la gran migración», se está dando por descontada una necedad, y es que los sectores que hoy concentran mano de obra procedente de terceros países carecen de un punto de saturación. Ello equivale a imaginar que, porque los invernaderos de El Ejido pueden producir fresas a un coste ínfimo gracias a la presencia de temporeros de múltiples nacionalidades, y las constructoras rebajar el precio del metro cuadrado mediante la contratación de albañiles polacos y el servicio doméstico reducir sus condiciones laborales hasta acercarlas a las de una nueva esclavitud, los habitantes de los países prósperos consumirán fresas hasta la extenuación, construirán casas que no necesitan y tendrán empleadas domésticas ociosas, sólo por el placer de tenerlas. ¿Estamos cerca o lejos de ese punto? Es difícil saberlo. Pero precisamente por ello, porque es difícil saberlo, cualquier pronóstico sobre el comportamiento futuro de la inmigración no pasa de ser un infundado divertimento, al menos mientras no exista un análisis riguroso sobre la oferta de empleo en los países de acogida.

Desde esta perspectiva, podría darse el caso de que la corriente migratoria se interrumpiera en una fecha no lejana, dependiendo de la evolución del mercado de trabajo. En realidad se trata de una hipótesis más juiciosa que la que prevé, nada menos que por espacio de un siglo, un desembarco masivo de africanos y asiáticos sonámbulos, dispuestos a desafiar formidables peligros para pasar de una situación de pobreza en su propio país a una de desempleo en un país remoto. Si éste fuera finalmente el caso, el panorama que presentarían las sociedades desarrolladas no sería en verdad esperanzador, puesto que se encontrarían de pronto con un importante porcentaje de extranjeros, asignados de hecho a determinados puestos de trabajo, y con un arsenal de conceptos jurídicos, políticos y culturales consagrados –esto es, con un completo universo ideológico– desde el que se favorece la segregación y no la integración, la identidad y no la ciudadanía.

No otra cosa fue el colonialismo, con la única salvedad de que la discriminación se llevaba a cabo en los territorios de ultramar y no en pleno corazón de la metrópoli. La quiebra del principio de igualdad ante la ley servía para distinguir entonces a los civilizados de los bárbaros y salvajes, según la clasificación que suministraron diversas disciplinas «científicas» de la época y que Lorimer y Von Listz acabaron formulando en términos jurídicos. Hoy la distinción se establece entre nacionales y extranjeros, pero las consecuencias son idénticas: la asignación de diferentes derechos a uno y otro grupo, lo que los convierte en ámbitos progresivamente más cerrados e impermeables. Llama la atención a este respecto que, bajo los efectos de la deriva escolástica emprendida por el pensamiento político y económico de nuestro tiempo, también el término inmigrante haya ido despojándose de su originario significado funcional –un inmigrante es alguien que trabaja temporalmente en un país extranjero– para impregnarse de connotaciones identitarias y aproximarse a la noción de casta.

Para empezar, hoy ni siquiera es necesario lo principal, esto es, que una persona desarrolle un trabajo, para que pueda ser incluida en la categoría de inmigrante. Los ejemplos se multiplican, algunos con singular dramatismo. Si el autor de un delito es un extranjero procedente de un país pobre, automáticamente se desencadena una tormenta pública acerca de las relaciones entre inmigración y seguridad ciudadana, olvidando de un solo plumazo que, si es un caso individual, también se dan casos individuales entre los asalariados del propio país, sin que por ello se abran debates acerca de, digamos, la función pública o el trabajo en la hostelería y la seguridad ciudadana. Pero si se trata de delitos organizados, que es de lo que se trata habitualmente, conviene recordar que las mafias no suelen establecerse en un país con la piadosa intención de que sus miembros busquen empleo. Por tanto, sólo forzando el término inmigrante, sólo convirtiéndolo en un «concepto zombie» o en una cáscara de nuez vacía, podrá incluir en su significado a las personas encuadradas en estructuras internacionales que utilizan el robo o el crimen para alcanzar sus fines.

En esta misma línea, y siempre que concurra una vez más la condición de proceder de un país pobre, los náufragos rescatados en alta mar se convierten automáticamente en inmigrantes, y como tales son tratados, aunque resulte obvio que ni trabajan ni están en un país extranjero. Tienen intención de hacerlo, ¿pero en nuestros sistemas jurídicos bastan las intenciones para aplicar la ley? Y en cualquier caso, ¿anula esa intención su patente condición de náufragos, hasta el punto de negarles la asistencia que prevén las leyes del mar y de infligirles un sufrimiento inhumano como hizo el gobierno australiano con los náufragos hacinados en el *Tampa?* ¿Somos conscientes del monstruo que estamos incubando al dar implícitamente por bueno que, si se refiere a los extranjeros y no a nosotros, el poder está legitimado para actuar contra los individuos en razón de las intenciones?

Pero es que, además, el término inmigrante no abarca sin más a toda persona que trabaja temporalmente en un país extranjero. Por el contrario, se hacen soterradas distinciones en virtud de una multiplicidad de criterios cuyo único rasgo en común es la raíz identitaria. Así, un negro o un magrebí se enfrentará con extraordinarias dificultades para no ser considerado como inmigrante, con independencia de que su presencia en un país rico se deba a un exilio político, al desempeño de una tarea diplomática o a unas espléndidas vacaciones sufragadas de su propio bolsillo. En contrapartida, un norteamericano que se gane la vida en Europa como albañil, mendigo o, incluso, delincuente, jamás será integrado en la categoría de inmigrante.

Esta progresiva aproximación del concepto abierto de inmigrante al concepto cerrado de casta es lo que ha permitido, por otra parte, afianzar la imagen de los trabajadores extranjeros como individuos desesperados, pertenecientes a las clases más desfavorecidas de sus países de origen y dispuestos a huir de la miseria a cualquier precio. A lo que parece, no se mueven por ningún cálculo racional sobre lo que ganan y lo que pierden al emprender la aventura de la inmigración, sino sólo por un conjunto de estereotipos sobre los países de acogida extraídos de los anuncios publicitarios y las revistas ilustradas, y de ahí la insistencia de algunas políticas de inmigración en realizar campañas culturales que los desmientan. La realidad es, sin embargo, muy distinta. Empleados en los trabajos de menor cualificación –desde los invernaderos al servicio doméstico, desde la construcción a la mensajería– se encuentran algunos de los hombres y mujeres más capacitados y con mejor formación en sus respectivos países de origen, quienes optan por el trance de realizar labores para las que están sobrecualificados por la diferencia de renta que obtienen en relación con su país.

Las trabas consulares para obtener visados están propiciando la expansión de un negocio equiparable al de los antiguos contrabandistas, el de facilitar el paso de fronteras. Las redes que se están desarrollando en torno a esta actividad no operan únicamente desde el lado de los países subdesarrollados, sino que se extienden –se quiera ver o no– en el interior de los organismos oficiales de los países de acogida. Son redes que abarcan un dilatado abanico de modalidades, desde el logro de visados por el conducto oficial –lo que supone que algún control de la cadena administrativa debe inhibirse oportunamente–, hasta la falsificación de documentos o el traslado físico de los aspirantes a inmigrar a través de rutas más o menos a salvo de controles fronterizos. En la perspectiva de los países desarrollados, la condición de mafias se suele reservar para estos últimos, quizá por ser el tráfico más obvio y dramático –pateras, transportes camuflados en barcos y camiones–, pero no desde luego el que mayor número de trabajadores aporta a la economía ilegal, que sigue llegando a través de las aduanas reconocidas.

En la perspectiva de los países pobres, por el contrario, la diferencia básica es la del coste, la cantidad a pagar para cruzar las fronteras según las diversas modalidades. Todas ellas resultan prohibitivas, sólo accesibles para las rentas más altas, y de ahí que esté surgiendo un negocio de segunda generación, que es el de las organizaciones que, además de asegurar el paso de la frontera, lo financian. La garantía puede quedar depositada en el país de origen, o como es frecuente en el caso de las prostitutas, aunque no sólo, también se puede establecer en forma de trabajo gratuito durante un plazo de tiempo convenido, es decir, en forma de auténtica esclavitud. A ojos de los candidatos a inmigrar, éstas serían las mafias, no las organizaciones que reciben un pago a cambio de un servicio, sea a través de un avión o de una patera. Y, por supuesto, en estas mafias militan indistintamente ciudadanos de uno y otro lado de la frontera.

Pero por otra parte, la imagen del inmigrante como individuo desesperado está llevando a afianzar la convicción de que sus países de origen se encuentran inmersos en un acelerado proceso de deterioro, que introduce un factor de urgencia a la salida de sus nacionales en dirección a los países ricos. Desde luego, son numerosas las zonas devastadas del planeta, pero lo más descorazonador es que, en términos generales, la mayor parte de los países pobres llevan instalados en la devastación varias décadas, sin que se haya producido a lo largo de este tiempo ninguna mejoría destacable pero tampoco una súbita catástrofe. Por esta razón, explicar el actual incremento de los flujos migratorios a partir de la condición en que se encuentran los países de origen es falsear la realidad, porque esa condición ha sido constante durante las últimas décadas. Ha sido necesario otro factor desencadenante, un factor que se encuentra en las propias sociedades de acogida y no en las de origen: el cambio

140

de paradigma económico propiciado por el consenso de Washington.

Como sucedía con la crisis del Estado-nación, que se justificaba a partir de la liberalización de los flujos financieros y del comercio internacionales, al tiempo que éstos eran consecuencia de los avances tecnológicos, tampoco el incremento de los flujos migratorios se explica a través de lo que realmente los ha motivado: la decisión política de crear un entorno económico internacional cuyo resultado no podía ser otro que el de provocar una reordenación de la división internacional del trabajo. Eso, y una deslegitimación del Estado y un adelgazamiento de sus instituciones que están poniendo en riesgo la supervivencia de la democracia.

8

El liberalismo combatiente

Uno de los argumentos más frecuentes en el debate acerca del tratamiento de la inmigración es el de que, para empezar, convendría referirse a ella como riqueza y no como problema, lo cual permitiría despojarla de las connotaciones negativas que se le asocian desde su simple formulación lingüística. Con el propósito de garantizar cierta neutralidad en los términos, de manera que la discusión no se vea emponzoñada por adherencias espurias, se ha llegado a comparar el creciente abigarramiento de las sociedades de acogida con la biodiversidad, con la variedad de especies animales y vegetales en algunas zonas del planeta. Si bien se mira, las buenas intenciones que animan el empleo del paralelismo no son más que una fórmula para huir del fuego pero arrojándose en las brasas. Se quiera o no, la comparación remite a una inquietante tradición ideológica para la que las comunidades humanas son organismos vivos que nacen, crecen, se reproducen y, enfrentados al trance de una hipotética muerte, exigen medidas excepcionales que permitan una regeneración o un renacimiento. Es decir, exigen una actuación conforme a los dictados de la leyenda de la Edad de Oro: selección o, más bien, invención del pasado al que conviene retornar, y poda de los elementos del presente que no encajan en él.

La crítica más severa a la propuesta de entender la inmigración como riqueza y no como problema no deriva,

143

sin embargo, del hecho de que exhiba tanta sutileza a la hora de emplear un término u otro y ninguna en el momento de identificar la tradición ideológica en la que a veces se sitúa. Por el contrario, la crítica más severa deriva de que contribuye a ocultar una realidad a todas luces ingrata: la de que, en efecto, la actual ortodoxia considera la inmigración como un problema. Durante el periodo colonial, los individuos catalogados como bárbaros o salvajes de acuerdo con la clasificación de Lorimer y Von Listz no dejaban de serlo jamás, con independencia de que alcanzaran un nivel de instrucción superior al de sus capataces civilizados. La rentabilidad de los imperios coloniales reposaba sobre la existencia de una reserva de mano de obra barata, sin posibilidad alguna de ascenso en la escala social de los colonizadores. Para ello, se necesitaba erigir una insalvable barrera legal que impidiera a los colonizados acceder a determinados conocimientos, emprender cualquier tipo de iniciativa económica más allá de las de mera subsistencia y, en términos generales, escapar por cualquier procedimiento del puesto que tenían asignado en el orden establecido por los europeos. Los estatutos para indígenas prohibían incluso los matrimonios mixtos, considerados como uno de los mayores desafíos a la premisa básica del colonialismo, la radical incomunicación entre un mundo y otro.

La férrea regulación del mercado internacional de trabajo persigue ese mismo propósito: mantener una reserva estable de mano de obra barata, de manera que los capitales puedan acudir donde su rentabilidad sea mayor. La diferencia radica en que, al haber optado en principio por una barrera geográfica y no legal, la actual ortodoxia no previó que algunos de los agentes económicos de los países ricos –cuyos capitales no son móviles, bien por su exiguo tamaño, bien por la naturaleza de su actividad– ajustarían sus decisiones a las leyes del mercado, lo mismo que los trabajadores de los países pobres, dando lugar al flujo migratorio que hoy está desmintiendo la división internacional del trabajo prevista por el Fondo Monetario y el Banco Mundial. Así, de la misma manera que la decisión de debilitar el Estado y adelgazar sus instituciones dio como resultado una acelerada fragmentación social con la que no se contaba, la desregulación de los flujos financieros y la liberalización del comercio ha provocado una reacción inesperada en el mercado internacional de trabajo, cuya manifestación más palpable es esta transferencia de mano de obra desde los países pobres hacia los ricos. Hace tan sólo una década, los estudios de organismos como el Fondo Monetario o el Banco Mundial pronosticaban la creciente especialización de los países desarrollados en la producción de tecnología punta y en los servicios, mientras que el resto de sectores se trasladaría hacia la periferia. Por lo que se refiere a la producción industrial, la deslocalización parece dar la razón al Fondo y al Banco, siquiera parcialmente. No así la agricultura ni, en gran medida, los servicios. Lejos de encaminarnos a una situación de dependencia agrícola de los países desarrollados hacia los pobres, acorde a los pronósticos de hace una década, la autosuficiencia de Europa y Estados Unidos es hoy mayor que entonces, debido a la constante mejora de las técnicas de cultivo y, desde luego, al reemplazo de la población autóctona por trabajadores extranjeros. En cuanto a los servicios, la distinción se establece entre los que exigen menor cualificación –en los que se emplea a inmigrantes– y servicios especializados, normalmente dirigidos a gobiernos y empresas. En éstos, el peso de los profesionales procedentes de las regiones desarrolladas sigue siendo decisivo, aunque se empiece a cuestionar su monopolio por parte de expertos originarios de países pobres que perciben menores salarios.

Por otra parte, conviene tener presente que los empresarios que recurren a la contratación de extranjeros en condiciones de ilegalidad operan en parte desde una lógica «neoliberal». Suscriben con ésta la necesidad de desmantelar el Estado de bienestar –al fin y al cabo las cargas dirigidas a financiarlo son vistas como un freno a la actividad económica– y el adelgazamiento de las instituciones, pero puestos a optar entre la desregulación de los mercados financieros y la de los mercados de trabajo, prefieren la de estos últimos. Y más aún: prefieren mercados protegidos para sus productos, porque saben que, en última instancia, su supervivencia depende de que el inmigrante no pueda realizar en su país de origen la actividad que desarrolla en el país de acogida, y para ello nada mejor que vetarle la posibilidad de comerciar internacionalmente con los mismos productos. Si la agricultura europea concentra un alto porcentaje de inmigrantes contratados en condiciones de ilegalidad, ello se debe a que la Política Agrícola Común pone trabas a la entrada de los productos del Magreb, lo que obliga a que sean los trabajadores del Magreb los que se desplacen a Europa. Y otro tanto cabría decir de los Estados Unidos respecto de México, así como del resto de sectores distintos de la agricultura, y donde aún se mantienen numerosas trabas proteccionistas.

El fracaso de la actual ortodoxia en su intento de mantener una reserva estable de mano de obra barata, su incapacidad para impedir que tanto los agentes económicos de los países ricos como los trabajadores de los países pobres recurran a unas leyes del mercado que, en principio, no deberían operar para ellos, es en efecto un problema para ella, y está provocando una situación social similar a la que se vivía durante el colonialismo, sólo que ahora el terreno de juego se sitúa en las propias metrópolis y no en los territorios de ultramar. Desbordada la frontera geográfica con la que se pretendía mantener separados a los empleadores de los países ricos de los trabajadores de los países pobres, a fin de que éstos no pudieran prosperar en la escala social reservada a aquéllos, la tentación de restablecer la frontera legal –los estatutos para indígenas– se afianza de día en día. Se produce así la paradoja de que, en lugar de atender las razones económicas que están detrás de los flujos migratorios, en lugar de preguntarse qué es lo que los provoca y en qué condiciones los provoca, interviniendo a continuación sobre esas razones, la actual ortodoxia cede el paso a un desvaído análisis cultural, cuyo objetivo es inspirar políticas dirigidas a lograr la integración, ese concepto en el que parece haber cuidado modernamente el mito de Sísifo: siempre invocada y nunca conseguida. Una vez que los inmigrantes están aquí –las causas precisas, o no interesan, o se achacan a un abanico de posibilidades que abarca desde la quimera de una vida mejor a la globalización–, el primer paso consiste en distinguir a los integrables de los que no lo son en absoluto, pero no sobre la base de lo que cada individuo hace, sino sobre la base de la cultura a la que pertenece. A continuación, se aconseja la adopción de leyes inspiradas en uno de los principios más perversos de la intolerancia y el autoritarismo, como es el de exigir un trato desigual a los desiguales, un trampantojo que, invocando la justicia y la igualdad, las destruye, al provocar la aparición de castas cerradas que acaban comprometiendo el objetivo de integración que se buscaba.

Nada tiene de extraño que, en este contexto de sustitución del análisis económico de la inmigración, la doctrina multiculturalista que inspiró el ataque a los logros alcanzados en la lucha por los derechos civiles cobrara nueva vigencia. En realidad –se pensaba–, los mismos principios que inspiraron las políticas de las minorías frente al Estado podrían inspirar ahora el tratamiento de la inmigración. Y, de igual manera, el instrumento del diálogo multicultural podría servir para articular unas sociedades a las que la inmigración no ha hecho otra cosa que añadir diferencias importadas a las que ya existían en el interior. Una parte del discurso público sobre la inmigración –en concreto, la parte que muestra el rostro más amable hacia la presencia de extranjeros, aunque siempre sin preguntarse por las razones de ésta– ha ido a buscar su arsenal retórico y conceptual en el multiculturalismo, asociándolo a una actitud abierta y benevolente en relación con la diferencia.

Los errores a los que ha conducido esta actitud son numerosos. En primer lugar, ha convalidado el sentido romántico de cultura en el que se apoya el multiculturalismo, y desde el que ningún compromiso civil es posible, ni entre los inmigrantes y los habitantes de origen, ni entre las diversas comunidades dentro de éstos. En segundo lugar, ha permitido que, precisamente por convalidar ese sentido romántico, el concepto de cultura esté siendo utilizado como eufemismo de religión y, sobre todo, de raza, resucitando mediante este procedimiento las viejas visiones deterministas que tratan de explicar el comportamiento de los individuos en virtud de su pertenencia a unas categorías o a otras, de las que no pueden escapar con independencia de cuáles sean sus creencias o sus acciones personales. En tercer lugar, ha perdido de vista que el intento de articular un sistema de convivencia, de diálogo, entre las comunidades y no entre los individuos constituye un subrepticio avance de la intolerancia y del autoritarismo, porque el respeto a la diferencia que se exige de la comunidad hacia fuera se convierte, de la comunidad hacia dentro, en una exigencia de rigurosa uniformidad para los individuos.

Todos ellos son errores conocidos, y puestos de manifiesto por los críticos de la aproximación multiculturalista a la inmigración, así como del multiculturalismo en general. Existiría, sin embargo, un último error que, al pasar en gran medida inadvertido, ha permitido que se acaben dando por buenas, pese a la crítica, las políticas inspiradas en su arsenal retórico y conceptual. De la misma manera que, en su acepción más moderna, el término raza se empezó aplicando a las poblaciones coloniales para luego designar también a las europeas, durante buena parte del siglo xx el término cultura fue utilizado por los antropólogos para designar el conjunto de manifestaciones sociales de las comunidades africanas, americanas y asiáticas –esos inexplicables primitivos, a la vez neolíticos y contemporáneos– que constituían su objeto de estudio. Después, sólo después, el término se trasladó a Europa, convirtiendo también en cultura el conjunto de manifestaciones sociales de los diversos pueblos europeos.

Como en el caso de raza, la generalización del término cultura para designar el campo de estudio de los antropólogos y, por así decir, el de la sociología, ha terminado por resucitar el viejo problema de las diversas variantes del determinismo, de la preferencia por el grupo y no por el individuo: el problema de la superioridad. Si en el siglo xix todos los habitantes del planeta llegaron a estar divididos en razas –lo cual no implicaba que todas fueran iguales porque, como dejaron establecido diversas disciplinas «científicas», había entre ellas las que disponían de la civilización y las que no–, en las postrimerías del siglo xx todos los habitantes del planeta llegaron a estar divididos en culturas. Probablemente, el punto en el que se encuentra el debate político e intelectual de nuestro tiempo es el de cómo jerarquizarlas, el de cómo argumentar el que, siendo todas culturas, la «nuestra» aparezca como superior a la de ellos. Llevados por esta inconfesada preocupación, estamos incurriendo de nuevo en la afirmación heracliteana de que la verdad es una, y el error, múltiple, estamos recurriendo otra vez a definir al bárbaro como negación de lo propio. Y estamos, por supuesto, recurriendo a definir lo propio a través de esencias, de caracteres específicos e invariables.

Giovanni Sartori constituye, a este respecto, el ejemplo más ilustrativo de cómo un intelectual que comparte la crítica de los errores de la aproximación multicultural a la inmigración acaba paradójicamente proponiendo idéntica política al dejarse arrastrar por la indagación acerca de la superioridad. Sartori reclama que «empecemos por precisar lo que *no* es la cultura de los multiculturalistas», y acierta al denunciar el carácter eufemístico que adquiere el término cuando lo emplean éstos: «la verdad es que "cultura" –dice Sartori– es una palabra que suena bien, mientras que cambiarla por "raza" y decir "multirracismo" sonaría mal».[25] Tampoco le caben dudas acerca de que «pluralismo y multiculturalismo son concepciones antitéticas que se niegan la una a la otra».[26] Y ello porque el multiculturalismo «no sólo transforma en reales unas identidades potenciales, sino que se dedica también a aislarlas como en un gueto y a encerrarlas en sí mismas. Dejemos a un lado si, y de qué manera, este encierro favorece a los encerrados. El problema es que de esta forma se arruina la comunidad pluralista».[27] La conclusión para Sartori no puede ser más terminante: «el multiculturalismo lleva a Bosnia a la balcanización», porque «invierte la dirección de la marcha pluralista que sustancia a la civilización occidental».[28]

Ahí, precisamente ahí, es donde Sartori traiciona su argumentación, la exactitud de su crítica al multiculturalismo. La necesidad de hallar razones para defender que

25. Giovanni Sartori, *La sociedad multiétnica*, Taurus, Madrid, 2001, págs. 69-71.
26. *Ibíd.*, pág. 8.
27. *Ibíd.*, pág. 89.
28. *Ibíd.*, pág. 129.

150

«la marcha pluralista» es la que «sustancia a la civilización occidental», acaba llevándole a suscribir la posición del principal teórico del multiculturalismo, Charles Taylor. Para éste lo mismo que para Sartori, el liberalismo no puede ser sin más un «lugar de encuentro para todas las culturas», ya que se trata de «la expresión política de una variedad de ellas y resulta completamente incompatible con las otras variedades». De ahí que, también como Sartori, Taylor considere que los musulmanes no pueden sentirse representados en él, porque se trata de una «perspectiva secular posreligiosa». «Todo esto me sirve para afirmar –dice por último Taylor– que el liberalismo no puede y no debe exigir una neutralidad cultural completa. El liberalismo también es un credo combatiente.»[29]

En resumidas cuentas, el propósito de Taylor es el de demostrar que incluso el liberalismo, con su vocación incluyente, con su apuesta por la sociedad abierta, no pasa de ser una cultura entre otras, de donde deriva el carácter injusto de un principio como el de la aplicación general de la ley, porque da un trato igual a los desiguales. Para Taylor no existe entonces otra solución que la aplicación de una política de reconocimiento por parte del Estado, esto es, de una política que permita asumir como propias las distintas leyes con las que deseen gobernarse las comunidades. Sartori, por su parte, no cuestiona la afirmación multiculturalista de que el liberalismo sea «un credo combatiente». Lo que le diferencia de Taylor es que donde éste utiliza el argumento para rebajar el liberalismo al mismo nivel que los restantes credos y legitimar así la quiebra del principio de generalidad de la ley, Sartori lo emplea para afirmar su superioridad, basándose en el pluralismo propio de la civilización occidental:

29. Charles Taylor, «The politics of recognition», en *Multiculturalism: Examining the Politics of Recognition*, Princeton University Press, Princeton, 1994, pág. 62.

«Pero vayamos al meollo de la cuestión. Según Taylor, la política del reconocimiento exige que todas las culturas no sólo merezcan el mismo respeto (como en el pluralismo), sino un "mismo respeto". Pero ¿por qué el respeto tiene que ser igual? La respuesta es: porque todas las culturas tienen *igual valor*. Aunque no lo parezca, esto es un salto acrobático. E inaceptable.

»A Saul Bellow se le atribuye (probablemente sin razón) esta frase: "Cuando los zulúes produzcan un Tolstói lo leeremos". ¡Santo cielo! Para el griterío multiculturalista esto es una "arrogancia blanca", insensibilidad hacia los valores de la cultura zulú, y violación del principio de la igualdad humana. Pues no, "humana" precisamente no. La igualdad que se invoca aquí no es entre seres humanos, sino entre yo (como pintor) y Van Gogh, entre yo (como poeta) y Shakespeare. Y yo de entrada la declaro ridícula. Atribuir a todas las culturas "igual valor" equivale a adoptar un relativismo absoluto que destruye la noción misma de valor. Si todo vale, nada vale: el valor pierde todo valor».[30]

A la vista de este razonamiento, en el que se dan cita los más rancios tópicos empleados en el interminable debate entre universalismo y relativismo, ¿dónde ha quedado la crítica de Sartori al concepto de cultura utilizado por el multiculturalismo? ¿Acaso para defender la superioridad de la cultura occidental no tiene que aplicarnos a nosotros el concepto ilustrado de cultura mientras que a ellos, a los bárbaros, les aplica el concepto romántico? Y si nos moviésemos únicamente en el seno del concepto ilustrado, ¿acaso la frase de Saul Bellow no podría refor-

30. Sartori, *op. cit*, págs. 79-80.

mularse diciendo «cuando los italianos tengan un Tolstói lo leeremos»? ¿Por qué Sartori, que no es ruso, tiene más derecho a considerar a Tolstói como parte de su cultura que un zulú? E incluso, ¿por qué va a tener más derecho un ruso analfabeto que un zulú que lo lea y lo aprecie? La respuesta es sencilla, la misma con la que Sartori criticaba a los multiculturalistas: cuando, frente a los zulúes, decimos que Tolstói pertenece a nuestra cultura es porque «la verdad es que "cultura" es una palabra que suena bien»; «sonaría mal», en cambio, decir que Tolstói pertenece a nuestra raza, que es en el fondo lo que se quiere decir cuando les negamos a los zulúes la posibilidad de considerar a Tolstói como parte de su cultura.

Aceptar que el liberalismo es «un credo combatiente», aunque sea para defender su superioridad y no para relativizar su valor frente al de los demás credos, conduce inexorablemente a aplicar la misma política de reconocimiento que el multiculturalismo, exige idéntica quiebra del principio de la aplicación general de la ley. De manera vergonzante, pero idéntica quiebra, como se advierte en estas afirmaciones de Sartori:

> «Los tratos preferenciales como la política del reconocimiento implican leyes sectoriales y por ello "tratos desiguales" que violan el principio de generalidad de la ley. Cuando los tratos desiguales tienen su razón de ser, y cuando no se convierten de excepción en regla, entonces son aceptables. Pero, y una vez más, aceptables *dentro de unos límites,* hasta un cierto punto».[31]

Según hace saber algunas páginas después, Sartori considera como tratos desiguales aceptables los que se

31.   Sartori, *op. cit.,* págs. 96-97.

establezcan en virtud de la lengua, las costumbres, la religión y la etnia, lo que le lleva a formular la receta, de pura raíz multiculturalista, de que el *cómo* de la integración depende del *quién* del integrado. ¿A partir de qué criterio se puede sostener que las políticas de inmigración que legislen para propiciar los tratos desiguales considerados aceptables por Sartori no son políticas de reconocimiento? ¿Acaso lo que quiere decir Sartori es que, al final, las políticas de reconocimiento son aceptables si no son muchas, y tratan sólo de cosas baladíes, por las que la humanidad no ha cometido apenas atrocidades, como la lengua, las costumbres, la religión y la etnia? ¿No parece una broma de mal gusto el que se diga que, frente a la inmigración, el principio de la aplicación general de la ley se puede violar, siempre y cuando sólo sea un poquito?

Las sorprendentes reflexiones de Sartori, que partiendo de la crítica del multiculturalismo acaba proponiendo sus mismas políticas, demuestran hasta qué punto una aproximación cultural al fenómeno de la inmigración, en lugar de una aproximación económica, acaba engendrando monstruos. Algunos de los viejos fantasmas que, como las costumbres, la religión o la raza, el liberalismo consiguió expulsar de la esfera pública, vuelven a reintroducirse en ella de la mano de las políticas de extranjería. Otros como la lengua, a los que el liberalismo consiguió ir despojando de cualquier valor que no fuera el de vehículo de comunicación, se convierten de nuevo en elementos de autoafirmación comunitaria, de manera que el significado tiene menos relevancia que el significante. El trato desigual a los desiguales, justificado ahora en nombre del pragmatismo frente al fenómeno de la inmigración, va zapando los fundamentos de nuestras sociedades abiertas y favoreciendo la aparición de nuevas castas que, en definitiva, abonan el terreno para que la intolerancia y el autoritarismo alcancen el más importante de sus fines: no juzgar a los individuos por lo que los individuos hacen, sino por lo que los individuos son, o peor aún, por lo que se les condena a ser.

Como sucedía durante el colonialismo, las fronteras entre unas castas y otras habrán de ser legales, puesto que la actual ortodoxia ha fracasado en el intento de que fueran geográficas. Y desde el momento en que se convierten en legales, desde el momento en que el derecho y las instituciones cambian de objetivo, abandonando el de dirimir las controversias entre individuos para adoptar el de garantizar la segregación entre ellos, se multiplican exponencialmente los riesgos de que nuevas castas aparezcan en el interior de las antiguas, y dentro de las nuevas otras aún más recientes, embarcando a las sociedades en una carrera suicida en persecución de la superioridad y la pureza, en la que la totalidad del tapiz vuelve a descomponerse a partir de un hilo maestro. El hecho de que, durante el colonialismo, este proceso se iniciase en los territorios de ultramar no impidió que de allí saltase a Europa. Hoy es en Europa, en sus campos y ciudades, donde está teniendo su principio, a la vista de políticos e intelectuales que, narcotizados otra vez por la retórica de la nueva era y del nuevo comienzo, entonan la insensata alabanza de unos cambios que anuncian cadenas y esclavitud.

Pero no sólo el derecho y las instituciones han cambiado de objetivo bajo la urgente necesidad de hallar recetas desde las que tratar los flujos migratorios; también lo están haciendo las grandes ideas que auguraron un mundo feliz tras el hundimiento de la Unión Soviética. Con independencia de que la cooperación internacional fuera un instrumento inadecuado para conseguir el desarrollo, lo cierto es que, hasta hace pocas fechas, su único propósito declarado era ése: lograr el desarrollo. El desarrollo, en efecto, se presentaba como algo deseable de por sí, como una situación que había que procurar porque, instalados en ella, los individuos podrían actuar con mayor autonomía. Aquellos tiempos han quedado atrás, y el objetivo de la cooperación ha experimentado un giro de ciento ochenta grados, el mismo giro que el derecho y las instituciones: el desarrollo de los países pobres no es ya deseable porque suponga un contexto en el que sus ciudadanos serán más libres; es deseable porque, de alcanzarse, los ciudadanos de los países pobres no viajarán en busca de trabajo hacia los ricos.

Y otro tanto cabría decir del derecho de injerencia humanitaria o del propio Tribunal Penal Internacional. El razonamiento es idéntico al que se emplea para la cooperación: lejos de defender estos conceptos por lo que tienen en sí mismos de valiosos, se recurre a un argumento coyuntural cuando no oportunista, como es el de decir que coadyuvarán a mejorar la situación de los países pobres y, de este modo indirecto, a mitigar o incluso interrumpir el flujo migratorio. Por esta vía se convalida un análisis acerca del origen de la inmigración sobre el que cabe albergar numerosas dudas, puesto que sitúa el grueso de la explicación en los países de origen y no de llegada. Pero además se abre la puerta a un uso espurio de la injerencia humanitaria y del Tribunal Penal Internacional: el de servir de señuelo para que nadie, absolutamente nadie, repare en que las causas y los proyectos más nobles pueden dejar de serlo si se ponen al servicio de un objetivo miserable, como es el de negar la libertad de movimientos a los ciudadanos de los países pobres; como es el de exigir que permanezcan en su miseria y cumplan como se espera de ellos con el papel de reserva de mano de obra barata que tienen asignado.

Imaginemos por un momento que los principales pronósticos acerca de la inmigración se revelan falsos, que lejos de constituir «el mayor desafío del siglo XXI» resulta que es una simple respuesta económica a unas decisio-

156

nes igualmente económicas, y que en lugar de prolongarse durante al menos tres generaciones como piensa Sartori, el mercado laboral que demanda trabajadores extranjeros se satura en los próximos cinco, diez, quince años. ¿Estarán de nuevo nuestras sociedades en el punto de partida? ¿Seguirán siendo las que eran antes de que se las sometiese, a partir del consenso de Washington, al debilitamiento del Estado y sus instituciones y a la presión derivada de la desregulación del mercado financiero internacional? A juzgar por los procesos desencadenados durante los últimos años por estas opciones –inspiradas por una utopía tan temeraria como las de Platón, Aristóteles, san Agustín, Tomás Moro o la de Marx–, existen no pocos motivos para sospechar que los fundamentos democráticos de nuestras sociedades están resultando seriamente dañados.

La falta de resistencia política e intelectual ante cierta música de fondo cuya partitura se asemeja, cada vez más, a una nueva revuelta del interminable bolero de Ravel en el que se expresan la intolerancia y el autoritarismo, no ofrece razones sino para la angustia y la inquietud. El que, para hablar de las causas de la inmigración, Sartori se refiera como si tal cosa a «los recién nacidos en exceso»;[32] y el que, para justificar sus recelos ante los inmigrantes musulmanes, hable de ellos como el «material tosco» que el islam «exporta a Europa»;[33] y el que, para legitimar las recetas que propone para gestionar los flujos migratorios, recurra a la superioridad de nuestra cultura y de nuestra civilización, ¿no suena demasiado a otros conceptos que, como ahora, se aplicaron a los bárbaros, a los infieles, a los colonizados, antes de volverse contra sus propios inventores?

32. Sartori, *op. cit.*, pág. 111.
33. Giovanni Sartori, «El islam y la inmigración», en *Claves de Razón Práctica*, n.º 117, noviembre de 2001, pág. 14.

9

La elección de la barbarie

La incredulidad de Víctor Klemperer ante los acontecimientos que le tocaron vivir a partir de 1933 –«Estaba tan seguro de mi germanidad, de mi europeidad, de mi humanidad, de mi siglo XX. ¿La sangre? ¿El odio racial? Hoy no, aquí no... ¡En pleno centro de Europa!»–[34] ha sido malinterpretada en no pocas ocasiones, al ser juzgada como prueba de que la barbarie sobreviene, de que unas fuerzas que yacen dormidas en el interior de las conciencias se despiertan de pronto, y arrasan como en un viento de sinrazón logros humanos que hasta la víspera parecían imperecederos. En realidad, cada vez que se recurre a la metáfora de la rueda de la fortuna, y cada vez que se afirma que la humanidad es capaz de lo mejor y de lo peor, y cada vez que se insiste en que el progreso no es lineal, sino que experimenta avances indiscutibles y sufre inevitables retrocesos, no se está haciendo otra cosa que declinar las diversas variantes del fatalismo desde el que se intenta racionalizar la devastación. Un fatalismo que sostiene que la barbarie convive con nosotros forma parte de la condición humana. Si permanece inactiva durante largos años, un día como cualquier otro acabará entrando en erupción, sin que nada lo hubiese anunciado ni nadie, por tanto, lo esperase.

34. Víctor Klemperer, *LTI. La lengua del Tercer Reich*, Barcelona, Minúscula, 2001, pág. 296.

Por perturbador que pueda resultar para una tradición como la europea, habituada desde antiguo a la alabanza del porvenir y al llanto sobre las ruinas, la barbarie no sobreviene. El hecho de que el futuro esté siempre por escribir no significa que se encuentre a merced de recónditas pulsiones humanas o de una hipotética ley universal de la destrucción, inexorable aunque imprevisible. Ese fatalismo desde el que se asumen los años aciagos de la historia es tan falaz como los ensueños que, bien porque tratan de recuperar el edén en el que antaño vivimos, bien porque tratan de encaminarnos hacia cualquier sociedad perfecta, reclaman de nosotros idéntica actitud: la de sentirnos insignificantes en relación con las fuerzas de cualquier signo que nos arrastran y renunciar de antemano a la resistencia. De la misma manera que el futuro no está determinado para lo bueno tampoco lo está para lo malo, y tan funestos resultados puede provocar una creencia como la otra.

La incredulidad de Klemperer tiene un sentido distinto del que muchas veces se le ha dado, y desde el que tal vez se pueda comprender mejor el obsesivo desvelo de un filólogo privado del derecho a entrar en las bibliotecas públicas, de leer periódicos o, incluso, de conocer a través de la radio la voz del causante de su infortunio, por anotar en su diario cuanto veía y escuchaba. Desde la madrugada y hasta el amanecer, mientras los habitantes de Dresde aún dormían, Klemperer registraba las expresiones que encontraba en los carteles de propaganda, el argot administrativo que se utilizaba en la fábrica a la que fue asignado, los giros lingüísticos que sorprendía en sus allegados y vecinos –algunos de ellos víctimas de su misma persecución– e incluso en sus propios labios. Con esta dedicación desafiaba las leyes y, en consecuencia, arriesgaba la vida. *LTI. La lengua del Tercer Reich*, el excepcional ensayo con el que, terminada la guerra, intentó recapitular su experiencia de ciudadano alemán privado de su condición por el simple motivo de haber nacido en el seno de una familia judía, cuyo credo jamás practicó, es sobre todo eso: un formidable acto de resistencia. La incredulidad en la que el ascenso del nazismo le sorprendió instalado no le llevó a llorar sobre las ruinas, a evocar los tópicos consagrados por la tradición europea acerca de la rueda de la fortuna, la doble condición humana o los reveses del progreso.

Antes al contrario, le llevó a interrogarse acerca de cómo se había alcanzado aquel grado de locura sin que se disparasen todas las alarmas de la razón, siquiera un segundo antes de la catástrofe. «En las horas de asco y desesperanza, en la infinita monotonía de un trabajo absolutamente mecánico en la fábrica, junto a las camas de enfermos y moribundos, junto a las tumbas, en los momentos de apuro o de suma humillación o cuando el corazón ya no podía más físicamente –escribe Klemperer–, siempre me ayudaba esta exigencia que me planteaba a mí mismo: observa, analiza, guarda en la memoria lo que ocurre; mañana será diferente, mañana lo percibirás de otra manera; regístralo tal como actúa en el momento.»[35] En esta voluntad de registrar y analizar los términos tal como actuaban en el momento, de mantener alerta los sentidos ante un vocabulario que iba impregnándolo todo –la lengua del Tercer Reich «no conoce un ámbito privado que se diferencie del público»– es donde concentra lo mejor de sus esfuerzos, consciente de que «las palabras pueden actuar como dosis ínfimas de arsénico: uno las traga sin darse cuenta, parecen no surtir efecto alguno, y al cabo de un tiempo se produce el efecto tóxico».[36]

35. *Ibíd.*, pág. 24.
36. *Ibíd.*, págs. 42 y 31.

El discurso político e intelectual parece hoy abotargado bajo los efectos de una de tantas utopías como es la de los mercados globales, de la rancia exaltación de los avances tecnológicos y de la absurda convicción de que nos hallamos ante una nueva era y un nuevo comienzo, en los que se inaugura una vez más «la más alta ocasión que vieron los siglos». Lejos de desentrañar el significado profundo de la resistencia que mantuvieron figuras como Klemperer –quien se rebeló contra la afirmación de que el nazismo era «la época suprema de Alemania»–, nos sumamos sin reparo al coro de quienes en todo ven el signo de los tiempos, de quienes a todo añaden el término globalizado, como si ello les eximiera de preguntar por qué y para qué. De preguntarlo una y otra vez, sin descanso, hasta encontrar las respuestas que detrás de cada acción hallan una responsabilidad, y detrás de cada responsabilidad un responsable. Los cambios a los que nos vemos sometidos sobrepasan sin duda nuestras fuerzas, pero no porque obedezcan a ninguna ley o porque se ajusten más que otros a la esencia de la naturaleza o de la historia. Sobrepasan nuestras fuerzas porque en las luchas de poder que siguieron al hundimiento de la Unión Soviética concitaron más apoyos a su favor que en su contra, al punto de que la opinión mayoritaria ha dejado de ser una opinión y es hoy una ortodoxia, e incluso más que una ortodoxia, una descripción incontrovertible de la realidad, cuando no la realidad misma.

Huir de las teorías conspirativas de la historia no puede llevarnos a conceder la razón a la teoría contraria, para la que los hombres no son responsables en última instancia de sus actos. Lo son, y el discurso político e intelectual debería estar atento a detectar cuándo se inicia esa sucesión de errores fatales que afectan a los fundamentos de la convivencia, y que nos van privando poco a poco de las opciones en las que todavía es posible el humanismo y la piedad, en las que todavía la vida de un solo individuo sigue siendo más valiosa que todas las doctrinas, para dejarnos al final del recorrido ante dilemas para los que el sufrimiento y la devastación no cuentan ya. Dilemas en los que estos tiempos están resultando pródigos, y que nos colocan ante disyuntivas tan angustiosas como las de declarar una guerra que provocará numerosas víctimas o seguir consintiendo una injusticia que ya las provoca; o como suspender las garantías ofrecidas por la ley a todos los ciudadanos, sea cual sea su credo o su apariencia, o arriesgarnos a que un grupo de fanáticos use esas mismas garantías para cometer atrocidades; o como la de cerrar nuestras fronteras echando a miles de trabajadores extranjeros en brazos de unas mafias o la de abrirlas, echándolos en brazos de otras.

Y claro que se pueden encontrar argumentos para optar por la guerra antes que por la injusticia, y por la suspensión de las garantías legales antes que por su mantenimiento, y por el cierre de nuestras fronteras antes que por su apertura; y claro que esos argumentos pueden estar dictados por la necesidad de defender las causas más justas y más nobles. El problema no radica ahí, sino en la constatación de que, para llegar al punto de enfrentarnos a esas desgarradoras disyuntivas, en las que ninguna de las salidas evita el sufrimiento, tuvimos antes que traicionar esas mismas causas muchas veces, tuvimos que dosificar cuidadosamente el arsénico hasta que alcanzase la proporción letal contra la que, por último, tenemos que movilizar todos los medios, cueste lo que cueste. Klemperer advirtió la importancia de la lengua a la hora de poner rumbo a la barbarie, y descubrió las monstruosas consecuencias que derivaban de llamar raza a lo que no lo era, y de considerar histórica cada nimiedad que el nazismo llevaba a cabo, y de imaginar siquiera que un régimen político como aquél podía realizar «más cosas en media hora que el parlamentarismo del sistema en medio año».[37]

Por lo que a nosotros respecta, tal vez haya llegado el momento de preguntarnos, al igual que Klemperer, si no habremos comenzado un despegue de la realidad que nos induce a creer que sabemos más y que nuestro conocimiento aumenta sencillamente porque hallamos un nombre para las abstracciones que nosotros mismos construimos, y desde las que luego nos precipitamos sobre el suelo con trágicos resultados para todo individuo que no encaje en la división del mundo que habíamos elaborado en las alturas. Preguntarnos si términos como cultura, civilización o incluso como inmigrante, tienen significado más allá del que le hemos asignado para diseñar nuestras políticas y justificarlas, si se corresponden con alguna realidad de la que den testimonio los sentidos o, por el contrario, tienen la misma función que la idea de raza en los tiempos de Klemperer, que sólo servía para apartar al individuo de escena y para provocar «el espantoso ensombrecimiento y esclavización de Alemania desde un único punto de vista, el del judío».[38] Preguntarnos, en fin, si la creciente obsesión por el islam –al que también convertimos en raza, como hizo Hitler con el judaísmo– no dibuja a su vez un horizonte de «espantoso ensombrecimiento y esclavización» de nuestras propias sociedades, de día en día más dispuestas a renunciar a libertades y derechos que no cederían sin resistencia si no fuese porque, como en los inicios de la Alemania hitleriana, de nuevo sólo se puede ver todo «desde un único punto de vista», en este caso el del musulmán.

37. *Ibíd.*, pág. 150.
38. *Ibíd.*, pág. 53.

Nuestra traición de las causas más justas y más nobles pudo comenzar cuando, llevados por el triunfo sobre la Unión Soviética, olvidamos que el liberalismo era tan sólo una respuesta al problema decisivo de cómo organizar nuestras sociedades. Y al olvidar que era tan sólo una respuesta, nos olvidamos necesariamente de indagar acerca de qué tipo de respuesta era, y de identificar la tradición que compartía con otras respuestas a lo largo de la historia. Respuestas que, como el islam en su día, el erasmismo o la Ilustración, buscaban la inclusión de los individuos y no su segregación, conscientes de que identificar a los individuos diferentes, y mucho más convertirlos en chivos expiatorios, son procesos de los que, como señala Klemperer, ninguna sociedad sale sin daño. El vínculo voluntario entre los individuos se convertía en vínculo combatiente, que por tanto empezaba a exigir de los individuos la fidelidad que se les exige a los combatientes.[39] Se desencadenaba así una interminable carrera en la que quienes eran acusados de infidelidad respondían redefiniendo el vínculo, de modo que los nuevos infieles fuesen ahora los antiguos acusadores. Éstos a su vez respondían con una nueva redefinición del vínculo, y así en una espiral cada vez más acelerada que sólo podía concluir de un brutal cerrojazo: la inquisición, la condena de los individuos no en virtud de lo que hacen, sino en virtud de lo que son o de lo que piensan, sueñan o ambicionan.

Convertido en un credo combatiente, el liberalismo se halla inmerso en ese proceso de redefinición que lo invalida como respuesta a los problemas que él mismo está creando. No es cierto que el neoliberalismo sea sin más

39. «¡Cuántas veces, por ejemplo, he oído hablar, desde mayo de 1945, en discursos radiofónicos, en apasionadas manifestaciones "antifascistas", de las cualidades de "carácter" o de la "esencia combativa" de la democracia! Son expresiones propias del núcleo –el Tercer Reich diría: del "centro esencial"– de la LTI!» Klemperer, *op. cit.*, pág. 30.

un retorno a los orígenes: es una nueva interpretación del liberalismo, una nueva definición del vínculo, que lo que trata es de convertir en infieles a quienes eran hasta ahora sus principales herederos, básicamente el keynesianismo y la socialdemocracia. Para ello, niega como parte del acerbo liberal los elementos que éstos habían considerado decisivos, en particular la idea de que la libertad política y la libertad económica no pueden existir sin reglas, y que el garante de esas reglas debe ser el Estado. Ésa y no otra es la razón del proceso que, amparado por los neoliberales, decidido y ejecutado por ellos –por más que oculten miserablemente su responsabilidad tras los avances tecnológicos–, está provocando la deslegitimación del Estado y la reducción de sus instituciones, al precio de facilitar la victoria de la tribu sobre el ciudadano y de provocar un éxodo masivo de trabajadores desde los países pobres hacia los países ricos. Si sobreviven a las penalidades del viaje, lo que les espera es la explotación o, peor aún, campos de internamiento como los que existen junto al paso de Calais en Francia, junto a la frontera hispano-marroquí en Melilla, en la llanura de Woomera en Australia, o en tantos otros lugares. Ni siquiera la atroz arquitectura de estos campos, cuyas evidentes resonancias deberían bastar para emprender una feroz resistencia contra la ortodoxia, parece hacer mella en el discurso político e intelectual de nuestro tiempo, que sigue enfrascado en sus elucubraciones acerca de la gobernabilidad de la globalización y el futuro de los mercados, mientras centenares de miles de ojos contemplan desde el otro lado de las rejas el curso de los debates y aguardan recluidos su final.

Entretanto, la socialdemocracia se contenta con decir que sí, que los avances tecnológicos llevan implícito el sentido de la marcha que se debe imprimir al mundo, que la globalización es un hecho incontrovertible, que sin duda vivimos una nueva era y un nuevo comienzo. Pero ya en la tesitura de recuperar su espacio en el seno de la herencia liberal de la que ha sido desplazada, emprende una nueva revisión, una nueva redefinición del vínculo, que nos aproxima un paso más a la barbarie. La nueva corriente socialdemócrata afirma, frente al viejo liberalismo pensado para articular la convivencia entre los individuos, que se trata de idear otro liberalismo que articule la convivencia entre las comunidades, entre los diferentes modos de vida. Con este propósito de apariencia sensata e inocente, la socialdemocracia contribuye a consolidar el rumbo marcado por la actual ortodoxia: ya no se trata sólo de que la ausencia de reglas destruye la libertad política y la libertad económica favoreciendo el triunfo de la tribu; ahora se trata, además, de que se debe legislar para la tribu, de que el individuo y, por tanto, sus derechos y libertades –no sólo frente a la sociedad, sino también frente a la nación, a la empresa y a la familia, e incluso frente a sí mismo, pudiendo desdecirse de cuanto creyó e hizo en el pasado–, empiezan a quedar en un plano discreto desde el que, con tan sólo otra vuelta de tuerca, puede ser definitivamente expulsado del escenario.

Metáforas con la rueda de la fortuna como motivo, circunspectas reflexiones acerca de la doble condición humana, desengañadas advertencias sobre los reveses del progreso: el error que comparten éstas y otras manifestaciones con las que, en la tradición europea, se suele acompañar el llanto sobre las ruinas, es el de creer que la barbarie sobreviene. Antes al contrario, la barbarie se elige. Animados por la idea de que la verdad es una y el error, múltiple, basta con que creamos hallar la nuestra en un pasado esplendoroso o en un futuro radiante para que emprendamos insensatamente la marcha, guiados por una luz remota que, sin embargo, no nos resulta de ninguna utilidad en el camino. Primero habrá que transigir por un pequeño contratiempo, después por otro algo mayor, más tarde por uno que ya se acerca al sacrificio y, finalmente, por los más atroces requerimientos hechos en nombre de una causa. Y, pese a ello, todavía seguiremos avanzando una buena tirada, animados ya no tanto por la idea de que la meta que nos propusimos vale lo que ahora nos exige, como por la de que el tributo ya pagado nos conmina a proseguir.

Se alcanza así la mitad exacta del camino y se descubre entonces que, llegados a ese punto fatídico, existen tantas razones para continuar como para volver atrás. Los argumentos de quienes proponen dar una última oportunidad a la quimera son tan poderosos como los de quienes sugieren regresar al punto de partida, convertido con el tiempo en una quimera de otro signo. Arrastrados hasta aquí por una sucesión de errores fatales que afectaban a los fundamentos de la convivencia, privados poco a poco de las opciones en las que todavía era posible el humanismo y la piedad, en las que todavía la vida de un solo individuo seguía siendo más valiosa que todas las doctrinas, la disyuntiva que resta es sólo una, continuar o volver atrás. Después, únicamente cumplir el ritual de llorar sobre las ruinas, como seguramente lloraron los calmucos al hacer balance de su huida.

Epílogo*

Hasta aquella soleada mañana del 11 de septiembre en que un avión de línea secuestrado embestía la torre norte del World Trade Center, las tentativas de anticipar lo que nos depararía el futuro no pasaban de ser especulaciones de gabinete. Analistas y grupos de reflexión rivalizaban desde principios de los años noventa por formular una hipótesis verosímil para describir el mundo que se avecinaba, conscientes de que el equilibrio bipolar había llegado a su fin. A grandes rasgos, la opinión de los expertos se dividía entre quienes anticipaban un porvenir polarizado alrededor de un único principio –el triunfo de los valores humanitarios, del poder imperial de Estados Unidos o de la globalización– y quienes se inclinaban por un nuevo esquema de fuerzas contrapuestas, en el que tan sólo faltaba por identificar a la otra parte una vez desaparecido el enemigo comunista. Al estrellarse el segundo avión contra la torre sur del World Trade Center, y poco después un tercero contra el Pentágono, la tragedia televisada a todo lo largo y ancho del planeta pareció dirimir brutalmente la disyuntiva: a la vista de las ruinas humeantes en el corazón mismo de Nueva York y de Washington, nadie podría ya dudar de que tenían razón los que anticipaban un futuro de conflicto. Pero un conflicto, además, en el

*   Una versión de este Epílogo apareció publicada en *Claves de Razón Práctica*, n.º 118, diciembre de 2001.

que Estados Unidos había perdido su invulnerabilidad territorial y en el que las víctimas, contadas por millares, eran sobre todo víctimas de carne y hueso.

Los iniciales titubeos norteamericanos acerca del tipo de respuesta que exigían los atentados del 11 de septiembre tuvieron que ver con la disparidad de criterio entre el vicepresidente Cheney y el secretario de Estado Powell. En realidad, tanto la posición más voluntariosa de Cheney como la más reflexiva de Powell constituían expresiones diferentes de un mismo problema: el de establecer la frontera entre los terroristas y quienes nada tienen que ver con ellos. Dependiendo de cómo y dónde se trazase la línea, Estados Unidos y por extensión todos sus aliados se encontrarían enfrentados con uno u otro enemigo, lo que a su vez debería inclinar en un sentido o en otro la naturaleza del contraataque. Por más que numerosas voces se alzaran entonces contra la opción bélica, lo cierto es que los instigadores de los atentados jugaban con las cartas marcadas: daban por descontado que el país más poderoso de la tierra no podría inhibir su maquinaria militar frente a unos hechos percibidos por sus ciudadanos como una agresión exterior, y cuya colosal magnitud contribuía a confundir su perfil de atentado terrorista con el de acción de guerra. Quienes se dejaron ir por este camino, probablemente anticipado por los instigadores de la matanza, necesitaron recurrir de inmediato a la retórica de la radical novedad de nuestro tiempo. Nada sería como antes del 11 de septiembre, en particular la concepción misma de conflicto armado. Frente a los viejos campos de honor y las trincheras, las redes sin rostro y las armas inteligentes; frente a las grandes batallas y desembarcos, la especulación financiera y los cibersabotajes; frente al poder de destrucción, la información como instrumento de dominio. Se acababa de inaugurar el siglo XXI.

Atendiendo más a los hechos contrastables que a la supuesta novedad que representan, el bombardeo contra Afganistán no fue tanto una guerra de nuevo cuño como una guerra emprendida antes de haber definido uno de sus elementos esenciales: el objetivo. Si, como se proclama, el mundo está en guerra contra el terrorismo desde el 11 de septiembre, no se entiende que el grueso de este combate se decida en un campo de batalla como Afganistán, en el que ni la más aplastante de las victorias mermaría sustancialmente la capacidad de actuación de los terroristas. Si, por el contrario, el objetivo consistía en acabar con el régimen talibán, resulta incomprensible que una operación militar que se imaginaba larga y dificultosa se planificara en tan sólo veinte días y se completara en tres meses. Una vez más, las contradicciones entre Cheney y Powell acerca de este último extremo podían ser interpretadas como algo diferente y de más calado que una simple lucha por la influencia política en Washington. Cuando tras su gira por Oriente Medio a las pocas semanas de los atentados, Powell anuncia que las operaciones militares contra Afganistán podrían ser más breves de lo previsto –una afirmación que recibió un rápido desmentido desde la Casa Blanca–, el razonamiento que parecía adivinarse bajo las palabras del secretario de Estado era el de que una prolongación de la campaña podría multiplicar los riesgos de desestabilización en el área. El propio presidente de Pakistán, Pervez Musharraf, venía insistiendo desde el principio en esta idea, luego ratificada por las informaciones cada vez más inquietantes procedentes de su país: las manifestaciones en favor de Afganistán se radicalizaban de día en día, un grupo extremista islámico asesinaba a 17 cristianos en una iglesia, los servicios secretos de Islamabad podrían haber filtrado al régimen talibán la presencia del opositor Abdul Haq, crecían las dudas acerca de la seguridad del arsenal nuclear paquistaní. La novedosa «guerra contra el terrorismo», la inédita «guerra del siglo XXI», la prodigiosa «guerra red» abría unas grietas en el frágil y aberrante equilibrio de Oriente Medio que costará cerrar sea cual sea el desenlace de las operaciones militares contra el terrorismo.

Porque, en efecto, el ámbito en el que más se dejarán sentir las primeras consecuencias de la campaña sin objetivo contra Afganistán no será el de la operatividad de las redes terroristas, sino el de la diplomacia norteamericana, y por extensión occidental, hacia ese abigarrado universo que en expresión árabe abarca *min al-jalich ila al-muhit*, desde el Golfo hasta el océano. La acumulación de errores a lo largo de medio siglo, siempre provocados por esa concepción mezquina de la política para la que resultan despreciables el humanismo y la piedad, ha propiciado una situación en la que ni siquiera el país más poderoso de la tierra dispone de entera libertad para actuar ante una crisis internacional tan grave como la que se vive desde el 11 de septiembre. De los tres argumentos sugeridos en su día por Bin Laden y sus portavoces como alucinada justificación de los atentados, el primero –el relativo a las devastadoras consecuencias del embargo sobre la población iraquí– colocó a la diplomacia norteamericana y occidental ante un encadenamiento de dilemas de difícil solución. Mantener la tradicional política hacia Irak equivaldría a dejar en manos de los fundamentalistas un eficaz instrumento de agitación entre la población árabe y musulmana. Pero modificarla supondría ofrecer una salida a Sadam Husein, favoreciendo el mantenimiento de un tirano y reconociendo, de paso, la impotencia internacional ante él. Por otra parte, extender a Irak las operaciones militares contra Afganistán encendería aún más los ánimos en la región. Pero no hacerlo ofrecería a Sadam la posibilidad de incrementar su liderazgo sobre los árabes y musulmanes descontentos con la política occidental. Todo ello por no mencionar los efectos que una desestabilización del régimen iraquí tendría sobre la cuestión kurda, en la que se podría ver involucrado un miembro de la Alianza Atlántica como Turquía.

Por lo que se refiere a la presencia militar norteamericana en Arabia Saudí, segundo de los argumentos esgrimidos por Bin Laden y sus portavoces, el problema radicaba en que tanto los fundamentalistas como Estados Unidos y sus aliados poseen intereses decisivos en el territorio de la monarquía petrolera. Mientras aquéllos son conscientes de que el control de los lugares santos del islam multiplicaría exponencialmente su poder político, Occidente necesita conjurar el riesgo de que la principal reserva mundial de crudo caiga en manos de gobiernos hostiles. De ahí que a lo largo de las últimas décadas se haya mantenido invariable la eufemística consideración de moderado para un régimen que, como el saudí, está en las antípodas de serlo. Férrea dictadura integrista hacia el interior, donde se apela a la *shari'a* para coartar las libertades lo mismo que para lapidar a las adúlteras, la política de Riad hacia el exterior se ha caracterizado por el apoyo a las versiones más fundamentalistas del islam, financiando la construcción de mezquitas en todo el mundo y contribuyendo al mantenimiento de los imames wahabíes más intolerantes. Enfrentados a la necesidad de corregir una situación con la que se había convivido hasta el 11 de septiembre, Estados Unidos y sus aliados descubren con horror encontrarse una vez más atrapados en el ovillo de los errores políticos anteriores: mover las piezas en el tablero saudí podría entrañar unos riesgos tan inasumibles como no moverlas.

Algo similar ocurría en el conflicto entre palestinos e israelíes, tercer y último argumento utilizado por Bin Laden y sus portavoces para justificar los atentados contra las Torres Gemelas y el Pentágono. Pese a que los primeros pasos de la administración Bush en el área sugerían el retorno a un apoyo primario e incondicional a Israel –siempre concomitante con las tendencias aislacionistas en Estados Unidos–, el recrudecimiento de la violencia en los Territorios Ocupados aconsejó desde muy pronto reconsiderar esta postura. De hecho, algunas semanas antes de los ataques terroristas el Departamento de Estado había comenzado a evaluar distintas fórmulas con vistas a relanzar las negociaciones de paz en Oriente Medio. Una de ellas la haría pública el presidente Bush durante los preparativos militares y diplomáticos para el bombardeo sobre Afganistán: el reconocimiento expreso del derecho de los palestinos a disponer de su propio Estado. Aunque cabría especular sobre la extensión y las atribuciones de que dispondría en la estrategia norteamericana, lo cierto es que la nueva posición de Washington ofrecía unas posibilidades de arreglo inexistentes con anterioridad. Y por descontado, de signo diametralmente opuesto a las que se consideraban al inicio del mandato de Bush.

Pronto se vería, sin embargo, que el deterioro de la situación había alcanzado tales cotas que el margen de maniobra de Estados Unidos era más exiguo del que en principio cabría suponer, y todas las esperanzas de una mayor implicación en la solución del conflicto se desvanecieron. Para empezar, el momento en el que Washington tuvo que hacer público el reconocimiento del derecho de los palestinos a disponer de su propio Estado, pocos días después de los atentados del 11 de septiembre, transmitía un peligroso mensaje a todos los fundamentalistas, palestinos o no: al cabo de treinta años de tenaz resistencia, las acciones terroristas comenzaban a dar frutos, David se hacía valer por fin ante Goliat. Para el complejo entramado de grupos armados con sede en Oriente Medio, las declaraciones de Bush constituían la segunda gran victoria de sus métodos en el curso de apenas unos meses. La primera habría sido la retirada israelí del sur del Líbano, obra de los *muyahidin* de Hizbolá. Así las cosas, ¿renunciar ahora a la violencia, abrir un nuevo proceso de diálogo, confiar otra vez en los buenos oficios de Estados Unidos, que no han sido capaces de moverse hasta no ser golpeados en pleno corazón de sus ciudades? Como en los casos de Irak y Arabia Saudí, también en el proceso de paz entre palestinos e israelíes la pasividad resulta hoy inasumible para la diplomacia norteamericana; tan inasumible como cualquier intento de relanzar las negociaciones que no se presente como desvinculado, clara y tajantemente, de los atentados contra las Torres Gemelas y el Pentágono.

Pero una eventual reapertura del diálogo auspiciada por Estados Unidos se enfrentaría aún a otro problema: el de la interlocución palestina. La insensata política de Benjamín Netanyahu durante su periodo de primer ministro tuvo como principal objetivo destruir la autoridad de Arafat entre los habitantes de los Territorios, consciente de que el único avance incontestable de los Acuerdos de Oslo consistía en que otorgaron legitimidad democrática a los portavoces palestinos. Destruirlos permitiría volver a la casilla de salida en el conflicto, aquélla en la que la parte israelí se ha recreado históricamente en declinar diversas variantes de la fórmula de Golda Meir –«¿un palestino? ¿pero qué es un palestino?»– como procedimiento para no entrar jamás en el fondo del problema. Con esta estrategia en perspectiva, Netanyahu humilló cuanto pudo a Arafat, destruyó con saña el cronograma de las conversaciones, arrastró los pies en cada ocasión en que pudo hacerlo. Y por si todo ello no fuera bastante, el propio Arafat y su entorno colaborarían irresponsablemente con los designios de Netanyahu al auspiciar un insoportable clima de corrupción y nepotismo en las zonas bajo su control. Cuando al término de su mandato el laborista Ehud Barak, sucesor de Netanyahu, hace una oferta de acuerdo que recoge el grueso de lo establecido en Oslo, Arafat la desestima porque sabe que ya apenas representa a nadie en los Territorios. Cualquier compromiso definitivo con Israel le dejaría solo ante el peligro de una oposición interna cada vez más poderosa y radicalizada. Una oposición, además, que desde el 11 de septiembre está convencida de que se logran mayores y más rápidos avances desde el terror que desde el diálogo. Por desgracia, lo mismo que Sharon.

A los problemas que para una salida negociada y sin violencia representan el fortalecimiento de los *muyahidin* y la pérdida de representatividad de Arafat habría que añadir, por último, la divergencia, soterrada pero real, entre los intereses de Estados Unidos e Israel. Al término de la ya lejana guerra del Golfo, la diplomacia norteamericana propició la celebración de la Conferencia de Madrid como vía para recomponer las relaciones con los países árabes que habían apoyado a la coalición contra Irak. La extraordinaria resistencia que opuso entonces el gobierno del Likud, encabezado por Isaac Shamir, pudo vencerse porque la desaparición de la Unión Soviética permitía entrever la posibilidad de un nuevo orden internacional, y en él la conciliación de todas las partes implicadas en el conflicto de Oriente Medio. El interés de Estados Unidos en este diseño se circunscribía al ámbito estricto de su política exterior, y en este sentido podía asumir y pasar por alto algunas iniciativas incómodas de Israel. Tras los atentados del 11 de septiembre, por el contrario, el interés de Estados Unidos en Oriente Medio está dramáticamente relacionado con su seguridad interior y, en consecuencia, cualquier iniciativa de Israel puede tener resultados no queridos en este campo. Ése fue sin duda el origen de la escalada verbal –hoy superada, aunque se mantengan sus causas– entre Washington y Tel Aviv con motivo de la desproporcionada respuesta militar del gobierno judío a los atentados perpetrados por suicidas palestinos. Si la resistencia de Shamir a tomar asiento en la Conferencia de Madrid pudo sortearse apelando a un marco de acuerdo general, la de Sharon puede resultar más correosa frente a una iniciativa de naturaleza equivalente, no sólo por el peculiar carácter del personaje, sino porque la evolución de los acontecimientos parece sugerir que ese marco de acuerdo general, en el que Estados Unidos e Israel se encontraban siempre del mismo lado, podría ser sólo una apariencia.

Buena prueba de ello fue la visible irritación con la que Washington reaccionó a los intentos israelíes de establecer un paralelismo entre Afganistán y los Territorios Ocupados, complementario del que presenta a la Autoridad Palestina como idéntica al régimen talibán, o al propio Arafat como una réplica de Osama Bin Laden. La consecuencia que los israelíes pretendían inducir a través de esta lectura era que cualquier atentado suicida en su territorio es una versión reducida de los cometidos contra las Torres Gemelas y el Pentágono, y por lo tanto los bombardeos de respuesta contra ciudades de Cisjordania y Gaza son equivalentes a los que Estados Unidos llevó a cabo contra Afganistán. Desde el punto de vista de Israel –que por primera vez siente en sus carnes los efectos del doble rasero internacional–, existe una grave contradicción entre considerar legítima la respuesta norteamericana y condenar la suya. Desde el punto de vista norteamericano, en cambio, su seguridad interior constituye una prioridad en la que no caben excepciones ni matices de ninguna naturaleza, y los israelíes la podrían acabar poniendo en peligro si cuestionan, contradicen o entorpecen con iniciativas fuera de guión unas gestiones diplomáticas que desde el 11 de septiembre no tienen otra misión que evitar que nada semejante vuelva a suceder.

La decisión de garantizar la seguridad interior a cualquier precio, de sellar el territorio norteamericano como medio para prevenir nuevos ataques, explica el establecimiento de lo que no pocos teóricos de la «guerra del siglo XXI» han considerado como el segundo frente: el recorte de los derechos civiles. En apenas unas semanas, Estados Unidos renunció a una parte sustancial de los avances legislativos propiciados por los movimientos radicales de los sesenta, que hicieron de la sociedad norteamericana ese *melting-pot* capaz de integrar a decenas de comunidades. Desde el 11 de septiembre, los musulmanes de Estados Unidos se sienten en el ojo del huracán. El miedo ha cundido incluso entre grupos que nada tienen que ver con ellos, como el de los sijs, cuyo característico turbante se ha confundido en alguna dramática ocasión con el de los fieles del islam, provocando linchamientos y hasta asesinatos. Los norteamericanos se empiezan a mirar con desconfianza porque, de algún modo, las decisiones adoptadas tras los atentados no han logrado hasta ahora apartarse de la respuesta que previeron los terroristas. En el frente exterior deseaban una réplica militar que, de acuerdo con el esquema clásico del terror, retroalimentase una nueva acción. En el segundo frente, el interior, su designio era demostrar que la democracia en cuyo nombre Occidente dice actuar no acepta a los musulmanes, con quienes habría estado en guerra desde siempre.

Por supuesto, la prolongación en el tiempo de una deriva de esta naturaleza, ajustada al guión trazado por los terroristas, podría conducir a lo que Juan Aranzadi ha llamado «el suicidio patriótico de la democracia». Sin embargo, no es preciso dirigir la vista hacia el medio o largo plazo para descubrir que los efectos de las medidas adoptadas tras los atentados del 11 de septiembre se están dejando sentir, ya desde ahora, en un terreno tan concreto como decisivo para descartar ese futuro plagado de inquietantes fantasmas: el de la operatividad misma de la lucha contra el terror. Quienes por oposición a pronósticos como el de Aranzadi subrayan el carácter excepcional y por tanto reversible de las decisiones del Congreso de Estados Unidos, olvidan que la extraordinaria facilidad con que la Administración norteamericana ha recorrido el camino entre las respuestas ordinarias y las de excepción, esto es, la falta de gradación en el contraataque, podría provocar un sentimiento general de indefensión ante un eventual segundo golpe terrorista y contribuir a la militarización de la vida civil norteamericana. El pánico provocado por la aparición de casos de ántrax, abiertamente desproporcionado con el número de personas afectadas así como con la eficacia de su tratamiento médico, pareció apuntar en esta línea, por más que el hecho mismo del envío de correspondencia infectada resultase de extrema gravedad. Por otra parte, la ausencia de informaciones fiables acerca de los remitentes contribuyó a incrementar el desasosiego ciudadano, en la medida en que volvió a poner en evidencia que en el vendaval desatado tras el 11 de septiembre sigue faltando un dato esencial e inexcusable: el de saber quién es el enemigo.

Por paradójico que resulte, por insensato que pueda parecer en el fragor de esta quimérica «guerra del siglo XXI», la única contestación segura es que lo estamos construyendo. Para ello, ha sido preciso dejar en segundo plano la evidencia de que los monstruosos atentados contra las Torres Gemelas y el Pentágono fueron obra de un puñado de asesinos, cuya fuerza no radica tanto en su forma de organización ni en su presencia en varios países, como en su criminal resolución de morir para incrementar la carga mortífera de sus acciones. La descomunal magnitud de lo que hicieron el 11 de septiembre inducía a elucubrar acerca de un enemigo de proporciones igualmente colosales, no acerca de lo que pretendían esos iluminados ni acerca de quiénes son los hombres y mujeres a los que se proponían sojuzgar a través de la irresistible provocación de sus crímenes. Probablemente se esté cayendo en la trampa tendida por los terroristas al retomar ahora aquellas especulaciones de gabinete posteriores a la desaparición de la Unión Soviética, y sacar otra vez de los cajones las construcciones ideológicas de trazo grueso y esos proféticos esquemas que pretenden dejar escrito el futuro antes de que acontezca. Porque es en definitiva al conceder a un puñado de asesinos la capacidad de definir los rasgos de grupos humanos enteros cuando se empiezan a reunir las condiciones para que, como en otras ocasiones del pasado, los hombres vuelvan a aceptar el gobierno de los instintos y de los prejuicios con la sonámbula convicción de que es la razón quien les gobierna.

Así, la constatación básica de que quienes se pusieron a los mandos de los aviones secuestrados el 11 de septiembre eran antes que cualquier otra cosa fanáticos dispuestos a matar dejó paso en algunos comentarios a la idea de que, en realidad, encarnaban los deseos de venganza de los desheredados del planeta. Sentado este principio indemostrable, se desbrozaba el camino para la siguiente suposición, en la que por un lado se difuminaban las responsabilidades personales y concretas de la matanza mientras que por otro se dejaba ya entrever el perfil del enemigo gigantesco que se buscaba: los atentados contra las Torres Gemelas y el Pentágono no fueron sin más una acción terrorista; fueron el acto preliminar de una confrontación entre los ricos y los pobres del mundo. Defendida en primera instancia desde posiciones benevolentes, esta interpretación entrañaba y todavía entraña el riesgo de añadir un nuevo estigma a quienes padecen la más completa desposesión. El estigma de ser tratados como asesinos en potencia. De ahí que la racionalización de los sucesos del 11 de septiembre en términos de riqueza y de pobreza haya servido de fundamento a dos terapias radicalmente contrapuestas: la de exigir el incremento de los presupuestos de cooperación y la de endurecer aún más los controles sobre los inmigrantes en los países desarrollados. Y todo ello, paradójicamente, a raíz de las acciones de unos personajes como Bin Laden, cuya fortuna personal es superior a la de no pocos gobiernos, o como Muhammad Atta y sus cómplices, que gozaban de privilegios inimaginables para cualquier habitante del Tercer Mundo, como estudiar en las mejores universidades, viajar a lo largo y ancho del planeta o emplear unas decenas de dólares en la borrachera de la víspera de su crimen.

Una segunda manifestación de la construcción del enemigo a la que se consagraron numerosos gobiernos y analistas a partir del 11 de septiembre la formuló el canciller alemán Gerhard Schröder: la «guerra del siglo XXI», afirmó, es un conflicto entre la Edad Media y la modernidad. Frente al apolíneo *sky-line* de nuestras ciudades, trazado con las formas puras del acero y el cristal, el abigarramiento de las medinas y el espectáculo de las ruinas habitadas de Kabul evocan en Occidente un pasado remoto; tan remoto que retrotrae hasta unas épocas en las que, según la imagen vigente, la vida humana no valía gran cosa. Por gráfica que resulte la metáfora conviene recordar que se trata tan sólo de eso, de una metáfora, y que el tiempo y el espacio son conceptos irreductibles en nuestra experiencia cotidiana. En consecuencia, las fronteras geográficas pueden objetivar los límites entre poderes políticos actuales, pero no separar unas edades históricas de otras, por lo demás siempre definidas y fijadas de manera arbitraria. Considerar que existen reductos del medievo en el mundo moderno, y que además esos reductos se han levantado en guerra contra él, podría sugerir que el ensañamiento con ellos es legítimo, no sólo porque así nos defendemos y ponemos fin a tan extraordinaria anomalía, sino porque, al hacerlo, estaríamos además ejecutando el benéfico proyecto de abducirlos al presente. Una vez más, estas ciclópeas racionalizaciones del 11 de septiembre, en las que siempre se enmascara la responsabilidad directa de los terroristas para transferirla a un grupo humano más amplio, se dan de bruces con la realidad de los hechos. En este caso, con la de que los portavoces de esa hipotética Edad Media contemporánea disponen de un saber del que carece la aplastante mayoría de los habitantes de la modernidad: el de ponerse a los mandos de un Boeing en los alrededores de Boston y terminar estrellándolo contra un edificio preciso en el corazón de Manhattan.

Pero es sin duda la tercera y última de las recientes manifestaciones de la construcción del enemigo la que ha cosechado mayor éxito: la del choque de civilizaciones. De acuerdo con esta hipótesis, los terroristas que atentaron contra las Torres Gemelas y el Pentágono no eran portavoces de la pobreza ni de esa insólita Edad Media que se sitúa en la geografía pero no en el tiempo. Según confesión propia, eran portavoces del islam. A partir de esta declaración de parte, el ensayo de Huntington se convirtió en la revelación de un visionario, pese a que él mismo expresase sus reservas acerca de que el carácter general con que lo había formulado una década antes se tradujese en la concreta y pavorosa realidad de un asesinato colectivo. Para Huntington, los atentados contra las Torres Gemelas y el Pentágono podrían en efecto desencadenar el choque de civilizaciones, pero no constituían de por sí uno de sus asaltos. Pese a este y otros matices del propio creador del concepto, el mecanismo consistente en transferir la responsabilidad individual de los terroristas hacia grupos humanos más amplios –siempre buscando acomodar la dimensión de los hechos a la del enemigo–, encontró en la supuesta incompatibilidad entre Occidente y el islam una fórmula clara y seductora para explicar las causas del 11 de septiembre. Una fórmula que además se beneficiaba del prestigio de la anticipación y la profecía, es decir, de haber intuido a finales del siglo XX los caracteres que revestiría la «guerra del siglo XXI».

La admiración por lo que parecía el exacto cumplimiento de la previsión de Huntington, a pesar de sus propias reservas, contribuyó tal vez a que pasaran inadvertidos algunos de sus puntos más débiles. Para empezar, ¿bastaba con que una veintena de asesinos proclamase actuar en nombre del islam para que se diera automáticamente por descontado que disponían de alguna legitimidad para hacerlo? La opinión mayoritaria en Estados Unidos y en Europa pareció entenderlo así, al abrir en sociedades que hacían gala de su laicismo una urgente controversia pública y no siempre documentada acerca de los contenidos de la fe de Mahoma. Pero, en segundo lugar, ¿se podía admitir que existiese algo parecido a una civilización islámica, opuesta a otra construcción de similares proporciones como es la de Occidente? También en este punto se optó por cerrar los ojos a las evidencias y actuar como si, en efecto, se pudiera reducir a una unidad definida por algo distinto de la mera fe religiosa el género de vida de los musulmanes en Zanzíbar, Nigeria, Marruecos, Bosnia, Birmania, Filipinas, China, Colombia y una inabarcable lista de países, incluyendo la totalidad de los occidentales. De acuerdo con los pronósticos del choque de civilizaciones, todos esos fieles podrían implicarse tarde o temprano en la lucha, todos eran potenciales *muyahidin*. Una vez admitida esta racionalización de los atentados del 11 de septiembre, esta seductora construcción del enemigo, el riesgo mayor al que se enfrenta Occidente no se localiza en las zonas del mundo bajo control del islam. El riesgo mayor lo encarnan las comunidades musulmanas que, por haberse desplazado fuera del espacio geográfico de su credo, quedan convertidas de un día para otro, y hagan lo que hagan, en una suerte de quinta columna sarracena. Aquí es donde surgen las preguntas acerca de cómo deben tratar las democracias a los fieles del islam por el simple hecho de serlo, con independencia de que se conduzcan como ejemplares ciudadanos. Y lo que es mucho más grave: aquí es donde se precipitan a responder Oriana Fallaci, Giovanni Sartori y otros tantos portavoces de la superioridad de Occidente, cuyos fundamentos más socavan cuanto más imaginan defenderlos.

El daño mayor que estos intelectuales están infligiendo a la democracia no radica sólo en que han reintroducido en el espacio público criterios como los de raza, religión o lengua mediante el argumento de que «el cómo de la integración depende del quién del integrado», absolutamente contrario al principio liberal de que la igualdad es igualdad ante la ley, y de que, por tanto, no puede haber una norma que establezca categorías de personas y haga derivar de ello diferentes derechos y deberes. El daño mayor que le están infligiendo radica en la inversión de la perspectiva que han logrado propiciar. Hoy, un intelectual valiente no es el que se enfrenta al poder en defensa de los perseguidos, los que pertenecen a su campo y los que no. De acuerdo con el ejemplo que encarnan los propios Fallaci y Sartori, un intelectual valiente es, por el contrario, el que dice lo que todo el mundo piensa pero no se atreve a confesar, esto es, el que convalida los argumentos con los que el poder persigue a los que no son o no creen como la mayoría, dando apariencia de racionalidad a instintos y prejuicios mantenidos hasta ahora a buen recaudo debido al triunfo de los principios liberales y de la democracia. Gracias entre otros a Fallaci y a Sartori, desde el 11 de septiembre existen menos razones para conjurar en el interior de las conciencias la tentación de proclamarnos superiores y actuar en consecuencia, lo que no es en el fondo otra cosa que renunciar a la idea de que credo, arte, lengua, cultura, raza o civilización son accidentes que no afectan a la radical unidad del género humano, ni ponen en cuestión una de las divisas imprescriptibles de la tolerancia: la de que, en palabras del cautivo Cervantes, cada cual es hijo de sus obras.

Hasta aquella soleada mañana en que un avión de línea secuestrado embestía la torre norte del World Trade Center, así podía proclamarse en la convicción de que ahí residía el gran arsenal político de nuestras sociedades. Al estrellarse el segundo avión contra la torre sur, y poco después un tercero contra el Pentágono, parece que la única actitud que nos identifica como Occidente es la de mostrar fascinación por la precisión de pirómanos con la que tantos profetizaron el incendio, dejando insensatamente para mejor momento la urgentísima necesidad de apagar las llamas.

Arendt, Hannah, *Condition de l'homme moderne*, Calmann-Lévy, París, 1983 [trad. esp. *La condición humana*, Paidós, Barcelona, 1998].

—, *La crise de la culture*, Gallimard, París, 1972.

—, *Sobre la revolución*, Alianza, Madrid, 1988.

Baudrillard, Jean, *La ilusión del fin*, Anagrama, Barcelona, 1993.

—, *La izquierda divina*, Anagrama, Barcelona, 1985.

Baumann, Gerd, *El enigma multicultural*, Paidós, Barcelona, 2001.

Beck, Ulrich, *¿Qué es la globalización?*, Paidós, Barcelona, 1998.

—, *La democracia y sus enemigos*, Paidós, Barcelona, 2000.

Berlin, Isaiah, *The Crooked Timber of Humanity*, Princeton University Press, Princeton, 1990 [trad. esp. *El fuste torcido de la humanidad*, Península, Barcelona, 1992].

—, *Concepts and Categories*, Princeton University Press, Princeton, 1999 [trad. esp. *Conceptos y categorías, ensayos filosóficos*, Fondo de Cultura Económica, Madrid, 1992].

—, *Las raíces del romanticismo*, Taurus, Madrid, 2000.

—, *The Sense of Reality*, Farrar, Straus and Giroux, Nueva York, 1998 [trad. esp. *El sentido de la realidad*, Taurus, Madrid, 1998].

Bobbio, Norberto, *Derecha e izquierda*, Taurus, Madrid, 1995.

Bourdieu, Pierre, *Contrefeux*, Raisons d'agir, París, 1998 [trad. esp. *Contrafuegos*, Anagrama, Barcelona, 2000].

Cahen, Claude, *El islam*, Siglo XXI, Madrid, 1984.

Castellio, Sebastien, *Contre le libelle de Calvin*, Zoe, París, 1998.

Charfi, Muhamad, *Islam y libertad*, Almed, Granada, 2001.

Cioran, E.M., *Ensayo sobre el pensamiento reaccionario*, Montesinos, Barcelona, 2000.

—, *Historia y utopía*, Tusquets Editores, Barcelona, 1988.

Crick, Bernard, *En defensa de la política*, Tusquets Editores, Barcelona, 2001.

Dahrendorf, Ralf, *Reflexiones sobre la revolución en Europa*, Emecé, Barcelona, 1991.

Delmas, Phillipe, *Le bel avenir de la guerre*, Gallimard, París, 1995 [trad. esp. *El brillante porvenir de la guerra*, Andrés Bello, Santiago de Chile, 1996].

Eagleton, Terry, *La idea de cultura*, Paidós, Barcelona, 2001.

Eggers Lan, Conrado y Victoria Juliá, *Los filósofos presocráticos*, Gredos, Madrid, 1986.

Enzensberger, Hans Magnus, *La gran migración*, Anagrama, Barcelona, 1992.

Estefanía, Joaquín, *Contra el pensamiento único*, Taurus, Madrid, 1997.

—, *La nueva economía. La globalización*, Debate, Madrid, 1996.

Ferro, Marc, *Histoire des colonisations*, Seuil, París, 1994.

Finkielkraut, Alain, *La derrota del pensamiento*, Anagrama, Barcelona, 1987.

—, *L'humanité perdue*, Seuil, París, 1996 [trad. esp. *La humanidad perdida*, Anagrama, Barcelona, 1998].

—, *Une voix vient de l'autre rive*, Gallimard, París, 2000.

Fukuyama, Francis, «The End of History?», *The National Interest* (verano 1989).

—, «Pensando sobre el fin de la historia diez años después», *El País*, 17 de junio, 1999.

Furet, François, *Le passé d'une illusion*, Robert Laffont/Calmann-Lévy, París, 1995 [trad. esp. *El pasado de una ilusión*, Fondo de Cultura Económica, Madrid, 1995].

Gadamer, Hans-Georg, *La herencia de Europa*, Península, Barcelona, 2000.

Galbraith, John K., *La cultura de la satisfacción*, Ariel, Barcelona, 1992.

—, *Una sociedad mejor,* Crítica, Barcelona, 1996.

George, Susan, *El informe Lugano*, Icaria, Madrid, 2001.

Giddens, Anthony, *La Tercera Vía*, Taurus, Madrid, 1999.

—, *Un mundo desbocado*, Taurus, Madrid, 2000.

Gombeaud, Jean-Louis y Maurice Décaillot, *El regreso de la gran depresión*, El Viejo Topo, Barcelona, 2000.

Gray, John, *Falso amanecer,* Paidós, Barcelona, 2000.

—, *Las dos caras del liberalismo*, Paidós, Barcelona, 2001.

Habermas, Jürgen, *Israel o Atenas*, Trotta, Madrid, 2001.

—, *La constelación posnacional*, Paidós, Barcelona, 2000.

—, *La inclusión del otro*, Paidós, Barcelona, 1999.

Hayek, Friedrich, *Camino de servidumbre*, Alianza, Madrid, 1995.

Hobsbawm, Eric, *Política para una izquierda racional*, Crítica, Barcelona, 1993.

Hourani, Albert, *Histoire des peuples arabes*, Seuil, París, 1993 [trad. esp. *Historia de los pueblos árabes*, Ariel, Barcelona, 1992].

Huntington, Samuel, «The Clash of civilizations», en *Foreign Affairs* (verano 1993).

Ignatieff, Michael, *El honor del guerrero*, Taurus, Madrid, 1999.

Kabou, Axelle, *Et si l'Afrique refusait le développement*, L'Harmattan, París, 1991.

Kaldor, Mary, *Las nuevas guerras*, Tusquets Editores, Barcelona, 2001.

Khaldun, Ibn, *Discours sur l'histoire universelle. La muqaddima*, Actes Sud, París, 1997.

Klemperer, Viktor, *LTI. La lengua del Tercer Reich*, Minúscula, Barcelona, 2001.

Koselleck, Reinhart, *Los estratos del tiempo, estudios sobre la historia*, Paidós, Barcelona, 2001.

Kramer, Hilton y Roger Kimball, *The Betrayal of Liberalism*, Ivan R. Dee, Chicago, 1999.

Krugman, Paul, *El retorno de la economía de la depresión*, Crítica, Barcelona, 1999.

—, *El teórico accidental*, Crítica, Barcelona, 1999.

Lenin, V.I., *El marxismo y el Estado*, Júcar, Madrid, 1978.

Locke, John, *Ensayo y carta sobre la tolerancia*, Alianza, Madrid, 1999.

Martín Muñoz, Gema, *El Estado árabe*, Bellaterra, Barcelona, 1999.

Marx, Carlos y Federico Engels, *El manifiesto comunista*, El Viejo Topo, Barcelona, 2000.

Maurice, Olender, *Las lenguas del Paraíso*, Seix Barral, Barcelona, 2001.

Memmi, Albert, *Le racisme*, Gallimard, París, 1994.

Minc, Alain, *La mondialisation hereuse*, Plon, París, 1997.

Moro, Tomás, *Utopía*, Bruguera, Madrid, 1984.

Nietzsche, Friedrich, *Sobre el porvenir de nuestras escuelas*, Tusquets Editores, Barcelona, 2000.

Oman, Charles P. y Ganeshan Wignaraja, *The Postwar Evolution of Development Thinking*, OCDE, París, 1991.

Platón, *Diálogos*, Gredos, Madrid, 1993.

Poliakov, Léon, *Histoire de l'antisémitisme*, Seuil, París, 1981.

Popper, Karl, *La miseria del historicismo*, Alianza, Madrid, 1995.

—, *La sociedad abierta y sus enemigos*, Planeta, Barcelona, 1992.

Postman, Neil, *Building a Bridge to the Eighteenth Century*, Knopf, Nueva York, 1999.

Rawls, John, *Sobre las libertades*, Paidós, Barcelona, 1996.

Rist, Gilbert, *Le développement, histoire d'une croyance occidentale*, Presses de Sciences Politiques, París, 1996.

Rodinson, Máxime, *La fascinación del islam*, Júcar, Madrid, 1989.

Rorty, Richard, *Achieving our Country*, Harvard University

Press, Cambridge (Massachussets), 1999 [trad. esp. *Forjar nuestro país*, Paidós, Barcelona, 1999].

—, *Pragmatismo y política*, Paidós, Barcelona, 1998.

Sánchez Ferlosio, Rafael, *Mientras no cambien los dioses, nada ha cambiado*, Alianza, Madrid, 1986.

Sartori, Giovanni, «El islam y la inmigración», en *Claves de Razón Práctica*, n.º 117, noviembre de 2001.

—, *La sociedad multiétnica*, Taurus, Madrid, 2001.

Sen, Amartya, *Bienestar, justicia, mercado*, Paidós, Barcelona, 1998.

—, *Development as freedom*, Knopf, Nueva York, 1999.

Taylor, Charles, «The politics of recognition», en *Multiculturalism: Examining the Politics of Recognition*, Princeton University Press, Princeton, 1994.

Todorov, Tzvetan, *Cruce de culturas y mestizaje cultural*, Júcar, Madrid, 1986.

—, *La conquête de l'Amérique. La question de l'autre*, Seuil, París, 1992.

—, *L'homme dépaysé*, Seuil, París, 1996 [trad. esp. *El hombre desplazado*, Taurus, Madrid, 1997].

—, *Les abus de la mémoire*, Arléa, París, 1998 [trad. esp. *Los abusos de la memoria*, Paidós, Barcelona, 2000].

—, *Memoire du mal, tentation du bien*, Robert Laffont, París, 2000.

Vernet, Juan, *Mahoma*, Espasa-Calpe, Madrid, 1987.

Voltaire, *Tratado de la tolerancia*, Crítica, Barcelona, 1999.

Zorgbibe, Charles, *Terres trop promises*, Éditions La Manufacture, París, 1991.

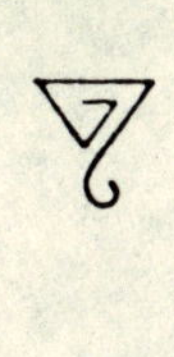

Colección Kriterios
Política, economía y sociedad